Les anges ne meurent jamais

DU MÊME AUTEUR

Les temps qui viennent, roman, Pascal Galodé éditeurs, 2011.

Bérengère de Bodinat

Les anges ne meurent jamais

Flammarion

Ouvrage présenté par Françoise Samson

ISBN : 978-2-0813-5442-5

À Adrien

Une vie est un ensemble, un ensemble de rencontres, d'aventures, de liens, de rêves et d'espoirs, d'amour et de désamour, de désirs et de désillusions. Qu'elle soit linéaire ou tumultueuse, tranquille ou tourbillonnante, une vie est un extraordinaire puzzle de milliers de sentiments, de sensations, de découvertes et de recherches, d'exploration ou de retrait. Nous passons à travers tous ces aléas, ces émotions, avec plus ou moins d'intensité. Nous cherchons un sens, expérimentons au fil des jours ce qui se présente à nous dans les tristesses et les joies, jusqu'au moment où parfois se produit un événement si terrible qu'il secoue l'être jusqu'en ses tréfonds, une déchirure dans le réel impossible à concevoir, et le monde bascule.

C'est ce qui m'est arrivé.

… et parfois, dans la douleur au-delà de la douleur, se présentent des signes, des messages… L'ultime message dormait dans une boîte rouge.

I

LE RETOUR AUX SOURCES

À L'ORIGINE

J'ai connu une enfance idéale en Martinique, immergée dans la part enchantée du monde, pieds nus sur le sol d'où remontaient les puissances telluriques, la tête baignée de tous les soleils, les sens éveillés à toutes les couleurs, les goûts et les parfums... J'ai goûté à tout, les fleurs, les fruits, les graines. Je mangeais la vie, buvais la lumière. J'apprivoisais les lézards avec du sucre, les mygales me narguaient. Je me gorgeais de soleil, de parfums, de vie. Je parlais aux esprits, au vent, aux vagues.

Vivre était un mystère fascinant.

Comment nommer cette sensation de plénitude ? Lumière et amour, dirais-je aujourd'hui.

Pour la petite fille que j'étais, il n'y avait pas de mots, seule la joie absolue de ressentir. D'être liée au Tout. Ces illuminations, ces connexions de l'âme, sont impossibles à oublier. Aussi l'enfant a-t-elle grandi avec au cœur la certitude de la beauté du monde. Et de sa magie.

Elle a rejoint le monde des hommes avec la sensation d'un lien enfui, une nostalgie d'elle ne savait pas très bien quoi, que venaient raviver de brefs instants d'harmonie, de retour à la nature, de contact avec l'éternité.

Lorsque l'on a connu enfant une telle lumière, peut-être en porte-t-on l'empreinte pour toujours. Et le désir de la retrouver. Alors on met des noms sur ce désir, on sait qu'il tient d'une façon ou d'une autre à l'amour, et on passe de l'amour divin à l'amour humain. C'est la logique de l'incarnation.

Les livres étaient mon univers. Je lisais compulsivement, tout m'attirait, romans, classiques, sagas familiales, légendes, alchimie, et tous les livres qui décryptaient l'étrangeté de ce monde qui est le nôtre. Le réalisme fantastique du *Matin des magiciens* de Louis Pauwels et Jacques Bergier, les histoires inspirées de Claude Seignolle, les légendes brumeuses des pays de mon enfance, le Berry, les Vosges, les contes fantastiques, la science-fiction, et bien d'autres, m'ouvrirent des portes sur les mystères du monde, mystères que je portais déjà en moi. Je partis à la recherche de l'essentiel, il me fallait comprendre l'ordre secret des choses, d'une vérité qui peu à peu prit forme au gré de mes intuitions. Et il me sembla que tout convergeait comme une complainte ou un éblouissement vers l'éternelle quête de l'amour. Humain.

Je n'ai pas rencontré alors cet amour idéal qui me semblait la clé de l'existence, la connexion avec le divin à travers un Autre. Sans doute trop exigeante, trop absolue, j'arrivais à la conclusion désabusée que l'amour auquel j'aspirais n'existait que dans mes rêves. Je me mariai, par affinités plus que dans un élan amoureux. Tant pis.

Puisque ma quête initiale s'était révélée illusoire, et que je ne savais pas vivre sans effervescence intérieure, je me concentrai sur mon autre passion : le sens des choses invisibles, les mystères de la psyché, la part cachée du monde. Jusqu'au jour où les livres ne m'ont plus suffi, cette vie me paraissait factice, sans lien avec l'essentiel. Il me fallait sortir de ma tête, plonger dans la réalité.

Un jour, descendant de mon bureau, je travaillais alors dans la décoration, je tombe en arrêt devant un Land Rover : coup de foudre pour ce qu'il symbolise, l'Aventure, le Changement, l'Inconnu. Illuminée, je décide de quitter Paris et de partir sur la route vers les Indes, au hasard des rencontres, dans l'espoir informulé de trouver sur ma route un de ces initiés qui transcendent la matière, dont parle Édouard Schuré dans son ouvrage, *Les Grands Initiés*. Une rencontre qui me montrerait la Voie en quelque sorte. La voie vers la Connaissance. La part de rêve.

Six mois plus tard, en juillet 1975, je suis sur la route, dans ce que nous appelons « le camion », entraînant dans l'aventure mon mari et mon beau-frère, de pays en pays. Italie, Croatie, Turquie, Iran, Afghanistan, Pakistan, Inde, Cachemire, Népal, puis l'Asie du Sud-Est, chacun avec sa part d'histoire et de traditions secrètes.

Bamiyan et ses bouddhas géants, Band I Amir et ses sept lacs, l'Afghanistan est un des plus beaux pays du monde… même s'il se révèle parfois dangereux.

En Inde nous partons dans les montagnes du Nord. Nous arrivons à Dharamsala, lieu d'exil du dalaï-lama.

Sur ces terres montagneuses données par le gouvernement indien, les Tibétains ont construit un monastère perdu dans la nature. Longue montée à pied sous les sapins, des heures pour parvenir à une rencontre muette avec son énergie. Un simple passage.

Des Afghans tentent de nous naufrager dans les montagnes près de Bamiyan, des soldats thaïlandais cherchent la bagarre dans un train. Je découvre la route. Ceux qui « font la route ». Une confrérie vagabonde.

On se quitte un jour à Kaboul, on se retrouve deux mois après à Delhi par hasard, ou sur le livre d'or d'un hôtel pourri de Katmandou… Un seul restera dans ma vie, Pierre, qui deviendra le parrain de mon fils Adrien.

Je traverse tout cela comme une princesse dans son carrosse, Cendrillon dans sa citrouille plutôt, zen au point que les routards pensent que je suis shootée, alors que je ne supporte même pas un joint. Ailleurs. Out. Glissant à la surface des choses. Allée voir ailleurs si j'y trouvais la clé de la vie, je n'ai rien trouvé de plus qu'avant.

Elle n'a pas eu lieu, la rencontre fulgurante qui ouvre les portes de la connaissance, la révélation, le voyage intérieur.

Se promener dans le monde est une illusion des sens, une aventure anecdotique. Je continue donc à flotter, la vraie dimension des choses m'échappe, je vois tout mais ne saisis rien. J'ai l'air d'être là, j'absorbe les couleurs, les odeurs, les parfums, les regards, je me grise de l'âme indienne, les rencontres sont belles mais l'essentiel s'échappe à l'infini.

Partie au bout du monde, le destin ne m'a pas apporté ce que je cherchais, ni sens, ni illumination. Seulement l'évidence que l'on peut vivre simplement en mangeant du riz tous les jours avec plaisir, à l'écart de tout, sans aucune sensation de manque.

Vivre avec le minimum, quand on n'est pas sollicité pour désirer autre chose, c'est une grande force. Savoir que c'est possible, une liberté.

Il manquait cependant l'essentiel. Quelque chose qui dilaterait l'âme. Peut-être aurions-nous dû être plus aventureux, partir encore plus loin, aux sommets, vers des villages oubliés, ailleurs... nulle part en réalité.

Car le vrai voyage est intérieur, il se passe en nous, sur les chemins labyrinthiques de notre psyché, de nos mémoires, de notre dessein secret.

Une année et quelques mois sur la route. J'ai envie de revenir. Il est temps. Nous prenons le chemin dans l'autre sens, retraversons les mêmes pays qui nous sont désormais familiers, le camion chargé de trésors glanés au fil du temps, et nos esprits d'images et de rencontres...

Un voyage étonnant, mais loin d'avoir comblé ma quête de sens. Aussi seule qu'au départ. Où sont ces connexions lumineuses, ces illuminations, ces échappées vers une conscience pure ?

Il faudra que se passent des années et que mes enfants naissent avant que je revienne en Inde, et que, attirée par Pierre, devenu sannyasin, c'est-à-dire disciple, dans l'ashram d'Osho à Poona, j'y découvre l'incandescence de l'énergie et la puissance de la méditation. Pour ressentir cette sensation singulière d'être arrivée à la maison.

Mais avant, c'est à travers mes enfants que j'ai retrouvé le sens de la vie…

Paris. Mes enfants naissent, Prunelle puis Adrien… C'est la révélation. Je découvre avec eux le bonheur d'aimer librement, la douceur infinie, cette plénitude que je suis allée chercher en vain au bout du monde.

Mes enfants sont mes merveilles, ils le resteront toujours.

… Je les regarde, ils savent tellement plus de choses que moi, ils m'apprennent tout, ils parlent à la petite fille en moi, la mêlent à leurs jeux. Avec eux je retrouve le paradis perdu, le sens lumineux de la vie et de l'amour inconditionnel.

Le soleil de mon enfance brille à nouveau sur le monde, la grâce est revenue, et la douceur de vivre. Six années d'harmonie, de lumière.

Mes enfants, mes amours.

La séparation

Juin 1984

C'est un mois de juin lumineux et doux. Prunelle a six ans, Adrien quatre ans et demi. Nous venons de nous installer dans une petite maison couverte de glycine, cachée dans une impasse au fond du 17e. Le printemps est d'une grande douceur… Dans une semaine, je pars pour les îles grecques. Sans eux.

Je ne sais pas si j'ai vraiment envie de partir, je me laisse entraîner dans le désir de l'autre. Parfois l'éducation remonte à la surface, malgré l'espace de liberté que je me suis donné. Ces derniers mois ont été intenses, lourds de travail, de stress, de fatigue, alors j'accueille ce besoin de soleil, l'idée des plages, des petits villages blanc et bleu sous le soleil, des îles elles-mêmes. Pourtant je n'arrive pas à m'en réjouir. Je pars, voilà tout. Il y a là une sorte de détermination qui m'échappe, dont je ne comprendrai le sens que bien plus tard.

Nous passons le dernier week-end avant mon départ en Bourgogne, dans notre maison familiale. Adrien ne me quitte pas, il n'a jamais été aussi proche, si accroché à moi, si fusionnel… Tous les trois avec Prunelle, nous savourons les simples bonheurs qui s'offrent à nous, nous cueillons les fraises des bois qui poussent à foison dans les allées du potager, nous nous racontons des histoires, nous rions, tendres moments dont il reste une photo en surimpression… lui dans mes bras à moitié dans la maison et à moitié dehors, lui et moi ni ici ni ailleurs. Étrange sensation.

Entre deux mondes. Entre le visible et l'invisible.

La transition a déjà commencé, les signes s'activent.

Les enfants jouent dehors lorsqu'un grand silence tombe autour de moi, je tressaille. Adrien a disparu. Le monde en un instant s'assombrit. Violente, une flèche d'angoisse me transperce. Poussée par une peur animale, je me précipite d'instinct vers les duvalettes, comme nous appelons ces bassins au cœur du jardin où les enfants aiment jouer avec les grenouilles, quand la voix d'Adrien me parvient… Je me retourne vers lui, la lumière revient avec la joie de le voir sourire…

Je ne le sais pas encore, mais cet instant d'effroi va me hanter. Longtemps.

Nous sommes rentrés à Paris.

C'est le dernier soir dans la petite maison avec mes enfants. Le lendemain, ma mère les emmène à nouveau en Bourgogne… Je sais qu'ils y seront heureux.

Adrien voudrait partir avec moi, il me dit : « Emmène-moi, maman, emmène-moi… » Comme disent tous les enfants pour qui la mère est l'essence même de ce monde qu'ils découvrent.

La mère, c'est la certitude de l'amour, le réconfort dans la nuit, l'ouverture sur la beauté des choses. L'âme de l'enfant prend toute sa force en baignant dans l'amour inconditionnel de sa mère, le lien qui s'est créé au creux de son ventre se poursuit, dans la joie de s'aimer librement…

Adrien, mon petit garçon rêveur mais encore « bébé bras ». Nous avons besoin l'un l'autre de nous enlacer, de nous respirer, de nous ressentir au plus près de nos corps.

Je viens de finir mes bagages, je le porte contre moi jusqu'à sa chambre, quand soudain il me demande, de sa petite voix douce mais intense :

« Maman, tu crois qu'un jour j'aurai cinq ans ? »

Au fond de moi s'ouvre une grande faille glacée.

Un doute inacceptable.

Je l'ai serré plus fort : Bien sûr mon petit amour…

Mon cœur prêt à se briser, dans une incrédulité absolue, quelque part en moi je savais pourtant sans y croire.

Je savais que non, il n'aurait jamais cinq ans.

Nous le savions tous les deux. Mais pas consciemment. D'une autre façon.

J'ai répondu doucement, « Mais oui, bien sûr mon petit amour, nous te ferons un bel anniversaire, tu verras », et un voile est tombé sur moi.

Je me souviens.

Les anges ne meurent jamais

Il portait sur le monde son regard trop sage, avec une gravité, une sagesse singulière derrière la malice et les rires.

Son regard savait.

Il n'y avait rien à faire, tout était déjà scellé.

Les îles tristes

À part les adieux, les baisers, ce furent ses derniers mots pour moi, partie pour ce voyage pendant lequel la faille s'agrandissait de jour en jour. Je ne comprenais pas cette douleur, cette effrayante sensation que l'on m'arrachait à moi-même, qui m'empêchait de dormir, qui me poursuivait comme une ombre terrible.

J'allais à la pharmacie du village demander des somnifères, des calmants, quelque chose qui me libère de cette étrange tristesse, de ces larmes à fleur de peau. En vain. Je me battais pour présenter un visage serein. Cette tristesse n'appartenait qu'à moi et, sans apparente raison qui la justifie, elle n'aurait pas été comprise.

Je me souviens…

… À Skiathos, à Alonissos, dans ces îles où j'aurais dû enfin respirer et me ressourcer au soleil en douceur, un cauchemar a commencé. Les îles dans leur beauté me touchent mais je suis submergée par l'intuition que quelque chose de terrible va se produire, la fin du bonheur en un sens. Une petite apocalypse est en cours.

Je suis désespérée mais sans raison. Un désespoir prémonitoire…

Cette semaine m'a laissé un souvenir terrifiant, je ne peux l'évoquer sans ressentir à nouveau la profondeur de la tristesse abyssale, infinie, qui s'était emparée de moi. J'avais si mal qu'aucun médicament, aucun raisonnement, rien ne pouvait calmer cette douleur incompréhensible. Je ne comprenais pas, je ne voyais pas les signes, je ne pouvais pas savoir.

J'étais perdue dans un labyrinthe.

C'est alors que j'ai fait deux rêves.

Deux rêves qui se sont révélés essentiels, puisqu'ils m'ont aidée à comprendre le caractère inéluctable du départ d'Adrien.

Dans le premier rêve, nous sommes tous deux sous l'eau, Adrien et moi, une eau claire et pure, irradiée par l'éclat du soleil qui se diffuse de la surface. Adrien flotte au-dessus de moi, je le tiens par le talon droit et nous remontons. Nos regards sont tournés vers là-haut, et je le fais remonter à travers l'eau vers la lumière scintillante, doucement, dans un amour indicible. Je vois son visage d'une sérénité absolue, un léger sourire, ses cheveux blonds qui flottent dans les reflets dorés. Je tiens dans ma main le talon de mon petit garçon, je monte avec lui. Là-haut, la lumière rayonne, éclatante.

Un rêve troublant, beau mais troublant, d'une telle intensité, si réel, tangible, inoubliable. Au-delà d'un rêve, il m'apparut comme un message mystérieux, et cette idée me serra un peu plus le cœur. Pourtant, dans cette folle tristesse qui m'accablait depuis mon arrivée dans les îles, je ne pus m'empêcher de le revivre en pensée, pour me réconforter à son étrange lumière, à cette vibration d'amour infini. Ce rêve avait quelque chose à me dire, et la question ne cessa de flotter toute la journée dans mon esprit : que signifie ce rêve, quel mystère contient-il ?

Puis le lendemain est survenu le deuxième rêve. Le décor a changé, l'ombre a remplacé la lumière, de sombres bâtiments la mer. Je sais qu'Adrien est quelque part, qu'il a besoin de moi, je le cherche, désespérée, dans des couloirs sinistres, des labyrinthes de pièces sombres et suintantes, des sous-sols de cauchemar. Je cours, je l'appelle, j'ai peur pour lui, une détresse immense me saisit, Adrien, mon cœur, où es-tu ? Lorsque je le retrouve enfin, affalé sur le sol dans un coin ténébreux, les ombres tournent autour de lui et l'effroi me saisit devant les traces de brûlures qui le défigurent. Dans une onde de compassion et d'amour absolus, Je le prends dans mes bras, il ne bouge plus… si fragile, si blessé, inerte contre moi, les larmes brûlantes. J'inspire en moi sa douleur et son abandon, je le berce dans les larmes.

Je me réveille en pleurant, saisie d'une terrible angoisse. Terrifiée.

Le message des songes

Ces rêves ne m'ont plus quittée. Mille fois je les ai revécus.

Ils m'ont dévoilé une vérité, annoncé l'avenir, offert une clé. Ils étaient reliés au monde spirituel et leur empreinte m'a marquée à jamais.

Lorsque le symbolisme d'un rêve nous éclaire, il ne s'agit plus d'un simple rêve mais d'une communication spirituelle. Une fenêtre sur ailleurs.

Plus qu'un rêve, c'est un songe.

Je revois la chambre de cette petite île grecque où ils m'ont été envoyés, une petite chambre blanc et bleu. Je m'en souviens parce que, en m'éveillant du premier rêve, j'ai eu l'impression qu'il se poursuivait dans la chambre qui s'était remplie d'eau jusqu'au plafond...

Ces deux songes, d'une essence différente, clairs, puissants, ne se sont jamais effacés, contrairement à la plupart des rêves. Je peux les revivre à volonté. Ils se sont imprimés dans mon esprit à tout jamais. J'ai tout de suite senti qu'il s'agissait d'un message. En deux parties.

Un message important, essentiel, qu'il ne me restait plus qu'à décrypter. Un message pour après.

Le premier songe, le passage par l'eau. La lumière. L'amour. L'élévation.

La signification du deuxième songe m'est apparue ensuite, dans toute son évidence consolatrice. On devait opérer Adrien la semaine suivant mon retour. Une opération bénigne, mais sur laquelle j'avais toujours vu un nuage noir qui m'effrayait obscurément depuis que le médecin m'en avait parlé.

Un nuage noir comme une menace.

La deuxième possibilité, l'hôpital. La mort dans un environnement glacial, sombre. La solitude. L'abandon.

Ces deux rêves représentaient pour Adrien deux possibilités, deux chemins pour partir.

La lumière ou l'ombre.

La chaleur ou le froid.

L'envol ou la brûlure.

Je suis heureuse qu'il ait choisi la première.

L'amour et la lumière. L'envol.

Aussi ces rêves ont-ils été une grâce, un cadeau divin, parce qu'ils ne laissaient plus de place au doute. Ils m'ont dit qu'on ne peut changer le cours du destin.

Si Adrien n'était pas parti entouré d'amour, dans un endroit de beauté et d'harmonie, avec Prunelle près de lui jusqu'au dernier moment, s'il n'avait pas choisi ce moment pour s'éclipser, ce passage vers la lumière, il serait mort ailleurs, une semaine plus tard, dans une froideur minérale. Dans une atmosphère lourde de douleur et de violence.

Il a choisi. Il est resté jusqu'au dernier moment, juste avant mon retour, car il savait sans nul doute que je l'aurais retenu. Si j'avais été là. Mais à quel prix ?

Merci Adrien, ton choix fut le plus doux pour tous, pour moi sans doute, pour toi aussi. Jamais tu n'as quitté la lumière et l'amour.

Les prémonitions

J'ai souvent revécu, comme une hantise, le dernier week-end en Bourgogne avec Prunelle et Adrien.

Le bref instant où il a disparu.

Je revois les duvalettes ce jour-là, paisibles et inquiétantes,

Et je comprends l'élan d'angoisse qui m'avait saisie…

C'est dans cette eau qu'il va mystérieusement se noyer, entouré de toute la famille. Sauf moi.

Lorsqu'il a disparu à nouveau deux semaines plus tard, sa petite voix ne s'est pas élevée pour dire : je suis là ! Ils l'ont cherché partout, au potager, dans le labyrinthe du tennis, dans la grande maison, et seulement, en dernier, ils se sont approchés des duvalettes, en contrebas des tables et des transats à l'ombre des tilleuls. Adrien était dans l'eau, il ne respirait plus… je suppose que personne ne savait faire la respiration artificielle. Je suppose, je ne sais pas, je n'ai pas posé de questions.

Jusqu'à l'été 2012…

Les deux moments se superposent dans ma mémoire, celui de la prémonition qui s'est manifestée comme un coup de tonnerre dans mon âme, et celui de sa solitude et de son courage pour aller vers son destin. Le passage par l'eau.

Cette journée, les circonstances de son départ me sont longtemps restées mystérieuses. Je ne sais pas poser les questions, aussi sont-elles restées figées en moi pendant des années. Si longtemps seule avec ces interrogations, avec moi-même, comme je l'avais toujours été dans la vie.

L'angoisse surgie devant son absence, l'intuition que quelque chose d'atroce était arrivé, la découverte au fond de l'eau de cet enfant que tous aimaient dans sa joie de vivre et sa gravité de poète, comment toutes ces émotions ont-elles traversé la constellation familiale ? Qui l'a sorti de l'eau pour le déposer sur l'herbe, qu'ont-ils dit, ressenti ?

Je n'en savais rien.

J'évoluais dans un vide presque voulu, de peur que les détails ne m'arrachent le cœur. Je marchais à pas légers dans un no man's land qui me protégeait, je pouvais encore me croire en train de rêver puisque tout restait flou.

Je m'évadais de la réalité en la niant, inconsciemment.

On m'a offert quelques bribes essentielles… Les mots de Prunelle quand ils l'ont sorti de l'eau et posé dans l'herbe sous les arbres. « Qu'est-ce que maman va dire… » Et l'image sereine d'Adrien, qui semblait dormir, un sourire aux lèvres…

L'amour qui nous unissait, Adrien, Prunelle et moi était fusionnel. Elle veillait sur son frère avec une attention délicate et permanente. Et pourtant il lui avait échappé. Il était parti seul pour accomplir le destin qu'il s'était choisi. Un passage éphémère dans cette dimension.

Une déchirure absolue.

Pour nous deux. Prunelle et moi.

Il m'a fallu longtemps pour comprendre. Et accepter.

L'ANNONCE

Ils n'ont pas pu me prévenir. Ce n'était pas le temps des téléphones mobiles. Et puis, comment dire à une mère, de loin, que son enfant est mort ? Ils ont attendu le lendemain, mon retour.

Pendant cette semaine d'exil, j'appelais tous les jours à la campagne, le cœur serré, la voix de mes enfants me rassurait un bref moment, puis l'angoisse reprenait le dessus.

Ils n'ont pas pu me joindre tandis que je revenais à Paris dans un état second. Vite, vite, il fallait que je retrouve mes petits amours, que je les serre dans mes bras, que je les embrasse, que je sente leur vie contre moi, et la douceur immense, intense de cet amour. Mes enfants. Ma vie.

Vite, vite, Athènes me paraît atroce, je déteste toujours cette ville, je ne suis jamais retournée dans les îles grecques.

Arrivée à Paris dans la petite maison, je me précipite vers le téléphone, j'appelle : Tout va bien ? Les enfants ?

Adrien ? Prunelle ? Je peux leur parler ? C'est ma mère qui me répond, mais oui ils vont très bien, ils jouent dehors, ils t'attendent…

Un immense soulagement me traverse, je vais prendre un bain. J'entends soudain la porte d'entrée en bas qui s'ouvre et la voix de mon père. Mon cœur flanche, je sors du bain, m'enroule dans une serviette, les cheveux trempés, et descends l'escalier. Mon père me regarde et dit : « Il faut que tu sois courageuse… »

Je comprends tout de suite : « Adrien ? »

Toutes mes peurs convergeaient vers ce moment, le cri monte en moi et surgit, je m'enfuis dans ma chambre où ma sœur me suit, et je crie, un cri qui monte de mon ventre, pour jaillir, non non non. Et à ma sœur qui me dit chut, je réponds il faut que je crie, il le faut, laisse-moi, je dois laisser jaillir cette douleur, je ne peux pas la contenir ni la garder, si je la garde en moi elle va me tuer.

Après ce sera fini. Je ne dirai plus rien.

Je n'ai plus rien dit ensuite. J'ai survécu.

Je rêve, c'est un cauchemar, je vais me réveiller, et tout sera comme avant.

Nous arrivons dans la nuit à la campagne, je suis une rescapée, passée à travers l'impossible souffrance, le feu, l'eau, je n'existe plus, me voici transparente, un concentré de douleur incrédule.

Prunelle se blottit contre moi, je la serre fort, impossible, je n'y crois pas.

Tout le monde me regarde avec inquiétude…

Et Adrien, où est-il ?

Ils l'ont déposé sur le lit de mon père, dans son étroite chambre monastique.

On a posé son ours brun en peluche contre lui.

Je le touche, sa peau est dure comme celle d'une poupée. Un sourire flotte sur son visage. Ses lèvres sont légèrement entrouvertes comme s'il respirait. Mais il n'est plus là, je ne le tiendrai plus jamais contre moi, son âme, son esprit se sont envolés si loin si vite. Seule reste sa petite dépouille terrestre. Je m'agenouille près du lit, si étroit que je ne peux m'allonger à ses côtés. Heureusement on m'a laissée seule. Je lui parle, tendrement, désemparée.

… Tu es parti tout seul, mon cœur, je n'étais pas là. Je ne pouvais pas être là, je t'aurais retenu.

Il t'a fallu bien du courage pour t'en aller sans rien dire à personne, vers l'eau noire, pour quitter tout le monde sur la pointe des pieds. Pour fausser compagnie à Prunelle, si attentive au moindre de tes gestes…

Et j'entre dans un état second, hypnotique, qui ne me quittera que pour pleurer, chaque fois que je me retrouverai seule, toutes les larmes comprimées le reste du temps. Pour Prunelle je dois être forte et faire semblant de continuer la vie d'avant.

Au fond de moi je suis foudroyée, brûlée jusqu'au cœur, ma vie est désormais séparée en deux : avant/après.

Jamais plus je ne te serrerai dans mes bras.

La disparition

Me voici confrontée à l'impossible Adrien a disparu.

Dans mon rêve éveillé, je me pose toutes les questions du monde.

Pourquoi s'est-il envolé de ce monde, si tôt ?

Que devient l'âme quand elle quitte le corps ?

Où est-il passé ?

Toutes ces peurs, ces tristesses, ces prémonitions, et me voici devant l'inéluctable, le corps sans vie de mon petit garçon. Devant cette vision que je ne parvenais pas à relier avec la réalité d'Adrien, je sentis une immense timidité, et un vide abyssal m'envahir. J'aurai pu le serrer contre moi, lui donner quelques larmes, m'accrocher à lui, mais il n'était plus là. Il ne restait que sa petite enveloppe terrestre, sa chrysalide abandonnée derrière lui. Lui était passé ailleurs.

Désemparée, je touchais sa joue presque furtivement, sa peau autrefois si tendre et souple, devenue dure comme une jolie écorce. Ses cils faisaient une ombre, il souriait.

Il y avait sur son visage une immense paix, un sourire fugitif. Un adieu.

Ceux qui parlent de la mort disent que les enfants ne se sont pas encore identifiés à leur corps, ils ne sont pas ancrés dans la matière. À la mort, ils jaillissent vers la lumière, le passage leur est naturel, ils se souviennent encore d'avant. Ils quittent leur chrysalide pour déployer leurs ailes, et s'envolent, papillons merveilleux…

Rien ne les retient, si ce n'est parfois la douleur créée par leur départ.

Et c'est étrange, parce que, ne sachant rien de tout cela, je voyais dans mon ciel intérieur Adrien fusionner avec la lumière d'amour, là-haut. Je le voyais jaillir, montant en un éclair vers l'immensité. Et c'est ainsi que je le vois, très clairement, chaque fois que je pense au moment de sa mort, au passage par l'eau, à sa fin terrestre.

Une flèche de lumière.

Peut-être est-ce symbolique, je ne sais pas, c'est ma vision.

Adrien, mon petit magicien de la vie, mon poète en herbe, ma douceur de vivre, allongé sans vie sur le lit de mon père. À quatre ans et demi.

Il y a des demis qui comptent mille fois.

Non, je ne t'ai pas serré dans mes bras, j'y ai souvent repensé. Je m'en suis presque voulu. Pourquoi ? Pourquoi ne t'ai-je pas serré dans mes bras, veillé jusqu'à ce qu'on te mette dans ton cercueil ? C'est simple, je ne te sentais plus là. Ce corps n'était plus toi, sans Toi. Tu t'en étais absenté pour toujours.

Longtemps j'ai cru que j'étais présente quand on t'a déposé dans ton cercueil. En repartant dans le passé, j'ai découvert que je l'avais imaginé sans doute. Ou bien rêvé.

Je voulais, comme en un ancien rite funéraire, que tu portes ton déguisement de Superman. Maintenant tu la vivais, la toute-puissance, tu pouvais voler librement entre les dimensions et sous tous les cieux.

Même si je te sentais déjà loin, je n'excluais pas, je ne sais comment, que tu fasses quelques allers-retours entre ici et ailleurs… et c'est ce qui s'est passé.

Avec toi, nous avons mis ton ours, et d'autres menus objets que tu aimais, j'en ai oublié le détail… Juste pour qu'ils t'accompagnent d'une certaine façon dans ton voyage. J'ai gardé avec moi Nono le robot, rouge et cassé, que tu adorais. Il est devant moi en ce moment, sur mon bureau. Il me sourit.

Toutes ces années j'ai cru ce déguisement dans ton cercueil… jusqu'à ce jour de novembre 2012, où j'ai découvert le contenu de la boîte rouge.

Cette boîte qui va jouer un rôle essentiel, extraordinaire, dans la métamorphose de mon âme.

Mais ce n'était pas si simple.
Même si je ne te savais plus là,
même si je te voyais monter dans la lumière,
je n'avais pas la moindre idée de ce que cela signifiait.
Où pouvais-tu bien être ?
Où avais-tu disparu ?
De quelle manière pourrais-je te retrouver ?

L'ENTERREMENT

Le lendemain, on enterra Adrien dans le cimetière du village.

La messe rituelle, le cérémonial des chants et des paroles, ce moment d'accompagnement, de recueillement dans la pensée du disparu, de prière pour son ascension, tout cela m'échappait. Comment aurais-je pu prier alors que j'avais l'impression d'être captive d'un rêve, ou plutôt d'un cauchemar ?

J'attendais de me réveiller d'un instant à l'autre, Adrien ne pouvait être dans ce petit cercueil drapé de blanc, c'était impossible, impossible... cette pensée me faisait trop mal.

Je ne voulais pas montrer à Prunelle ma tristesse, je ne réalisais pas que j'étais si totalement dévastée que rien ne pouvait la cacher. Elle contemplait le désastre du haut de ses six années précoces et de sa propre douleur d'abandon. Adrien l'avait laissée, elle n'avait pas su le retenir, et la douleur m'absentait. Elle était seule.

Dans mon désir de la protéger, j'ai probablement tout fait à l'envers. Ce n'est que maintenant, des années après, que je peux y revenir. Nous étions avec toute ma famille dans l'église du village, la messe a commencé… Je n'ai pas pu rester. L'idée que Prunelle vive ce moment impossible, le petit cercueil que l'on engouffre dans le tombeau de famille encore vide, déjà marqué à notre nom, cette idée était insoutenable. Je ne pouvais même pas l'imaginer. Probablement au fond de moi ne l'acceptais-je pas, je voulais prolonger l'illusion du rêve.

Mon esprit était confus, puisqu'une part de moi-même croyait Adrien vivant dans une autre dimension, ailleurs.

Mais où ? Comment ?

Ce jour-là, je n'ai pas pensé à son corps d'enfant, ce corps métamorphosé par la mort que l'on allait accompagner jusqu'à la tombe. Peut-être aurais-je dû lui tenir compagnie jusqu'au bout, même si son âme était déjà loin.

Aujourd'hui, j'essaie de comprendre ce qui s'est passé en moi. Pourquoi je suis sortie de l'église avec Prunelle, pourquoi je me suis enfuie… Toute cette scène était irréelle, comme les îles, les rêves, le retour, Adrien sans vie sur le lit de mon père, c'était impossible, impossible, une horrible illusion dont j'allais me réveiller. Adrien ne pouvait pas être mort. J'étais piégée dans un rêve terrifiant auquel il me fallait échapper.

Ce jour-là, j'ai pris Prunelle par la main et nous sommes sorties de la petite église du village, par ce beau matin de juillet, je l'ai emmenée pour une longue promenade sur les chemins au soleil, une illusion… Aujourd'hui seulement, nous en avons parlé toutes les deux et elle m'a dit : « Nous aurions peut-être dû rester. »

Très longtemps après ce jour-là, ni Prunelle ni moi n'avons pu entrer dans une église. L'émotion nous submergeait, la douleur aussi. Les églises sont restées liées à l'impossible mort d'Adrien. Vingt ans plus tard, j'ai vu Prunelle sortir en pleurs d'une messe de Pâques où nous avait entraînées ma mère. L'empreinte du passé s'était réactivée, réveillant les émotions…

Adrien disparu, l'univers enfantin de Prunelle s'est brutalement aboli. Même si la mort lui restait mystérieuse, elle constatait ses ravages sur mon visage, dans l'absence de son frère. Il l'avait abandonnée, laissée seule sans consolation alors qu'ils ne s'étaient jamais quittés. Elle et lui, son presque jumeau, son petit frère adoré. Complices de mille façons, ils se comprenaient sans se parler, dans la gravité comme dans le rire. Sans Adrien, elle perdait une partie d'elle-même, ses repères disparaissaient.

Elle avait veillé sur lui de toute son âme, et malgré cela il s'était envolé. Un bref moment d'inattention et on l'avait retrouvé dans l'eau, et ce n'était plus lui. À la place de son frère, de sa chaleur douce et de son regard rieur, ce corps inanimé qu'elle ne reconnaissait plus que comme une image. L'image d'Adrien, mais plus la vie.

Elle a vu, elle a senti l'impact du drame, de l'inacceptable autour d'elle, alors qu'elle était la première touchée. Et même si elle avait du mal à concevoir l'absence à jamais d'Adrien, elle a perçu à travers les mots de colère et de douleur, à travers les larmes et l'effroi, qu'un événement irrémédiable était arrivé. Et sa première pensée a été pour moi. « Qu'est ce que maman va dire ? »

Que signifie cette phrase exactement ? L'inquiétude que je sois fâchée parce qu'on aurait mal veillé sur son frère, je ne sais. Elle se sentait peut-être coupable d'avoir été distraite par ce jeu avec les joncs, de ne pas l'avoir suivi quand il est descendu vers les duvalettes.

Son autre question me bouleverse : « Comment on va le dire à maman ? » Avec quels mots exprimer l'inconnu, l'impossible métamorphose d'Adrien ?

Pour la consoler, pour annihiler la mort, je lui ai dit qu'Adrien avait désormais tous les pouvoirs… Lui qui adorait Superman, il volait et riait dans le ciel… Elle s'est sentie encore plus abandonnée. Pourquoi ne l'avait-il pas emmenée avec lui ? Que faisait-elle sur cette terre sans magie alors que là-haut tous les jeux auraient été possibles ?

Je n'avais su que renforcer l'abandon… mais je ne l'ai perçue que beaucoup plus tard, cette blessure qu'elle cachait derrière tant de sagesse.

Nous étions trois dans notre amour et sans Adrien comment allions nous faire ? En fait, je ne sais pas ce qu'elle voulait dire avec sa question, si ce n'est qu'elle avait peur pour nous deux de l'avenir sans lui.

Peur de ma tristesse.

Prunelle, mon ange, si petite, tu n'avais que six ans.

De ce jour et pour des années, nous ne t'avons plus vue sourire.

La tombe familiale

Souvent, la nuit, j'ai revécu le jour du cimetière, je me posais des questions sur la tombe familiale. Comment s'ouvre le caveau, par où passe le cercueil. Soulève-t-on l'énorme pierre pour le descendre ?

Qu'avait-on fait avec le petit cercueil d'Adrien ? Ce sont de ces questions bizarres qui deviennent si pressantes qu'on ne peut plus les poser à personne. Elles échappent à la parole. Elles sont cristallisées quelque part en nous. Je me tenais au seuil du cimetière, et ma question restait sans réponse.

Je n'ai eu cette réponse qu'à la mort de mon père, de longues années plus tard. Cette fois il fallait que je sache, que je comprenne ce mécanisme de la mise en terre qui m'était resté si mystérieux.

Le jour de l'enterrement de mon père, j'étais là. J'ai vu la terre creusée au pied de la tombe, comme une ouverture vers le monde des ombres. J'ai scruté l'obscurité, à la recherche de je ne sais quoi, le petit cercueil de mon enfant, les mémoires de toutes ces nuits où je croyais entendre son appel, une réponse aux multiples interrogations autour de ce lieu mystérieux où dormait le corps d'Adrien.

L'ombre était trop profonde. Mais j'ai entendu comme un rire venu du ciel : « Mais maman je ne suis pas là, tu le sais bien. Je suis là-haut dans la lumière, je poursuis mon chemin… je vous aime et je veille sur vous. »

C'est peut-être la raison de ma fuite à l'enterrement d'Adrien.

Au fond de moi, je le sentais vivant. Ailleurs.

Et il m'a envoyé tant de signes pour me dire que c'est vrai.

Il est vivant, ailleurs.

Apparition dans la nuit

Une de ces innombrables nuits où je continuais à me tourmenter sans fin avec mes obsessions de refaire un passé où tout aurait changé, où quelqu'un aurait vu Adrien tomber dans l'eau et se serait précipité pour le sauver, où personne n'aurait réalisé qu'il était passé si près de la mort, il est venu.

C'était peut-être un mois après sa disparition.

Alors que je me projetais une fois de plus dans le passé, avec l'espoir fou de le modifier par la seule puissance de ma pensée, Adrien m'est apparu.

Surgissant de l'ombre, si réel que je ne sais plus s'il appartenait à un rêve ou à une vision, il m'est apparu, habillé de blanc lumineux. Il s'est avancé, s'est agenouillé devant moi et m'a dit :

« Maman, pardonne-moi, il fallait que je parte. Mais je ne te quitte pas. »

Il était grave, triste de ma tristesse, mais serein. Il irradiait littéralement une lumière pure et claire.

Avant que je ne puisse esquisser un mot, un geste, il a disparu.

Il était là, il est venu.

Bouleversée, j'ai fermé les yeux tandis que la vision s'imprimait au plus profond de mon âme. Il suffit depuis que je l'évoque pour qu'il resurgisse, dans toute sa luminosité et son amour. Et ses paroles restent suspendues dans l'espace : « Il fallait que je parte. Mais je ne te quitte pas », elles éclairent les nuits, les jours.

Tu es venu, mon cœur, mon petit amour. Merci, merci pour cette grâce. Merci à l'infini.

Ensuite, histoire de me faire rire, j'imagine, il s'amusa à faire tourner *à l'envers* l'horloge de la cuisine, dans notre petite maison. Un matin, je la regarde, et les aiguilles tournent dans l'autre sens. Une impossibilité mécanique, me souffle mon esprit rationnel. Adrien me fait un clin d'œil, je souris dans mes larmes. Il m'envoie un signe, suffisamment fou pour que je le reconnaisse, et je l'entends rire.

Pour conjurer tous les doutes que j'aurais pu avoir – il me connaît bien – il a fait tourner les aiguilles en sens inverse pendant plusieurs jours. Le temps que je dise à Prunelle et aux amis qui passaient : Vous avez vu ? Elle tourne à l'envers… c'est Adrien.

Adrien est là, quelque part, dans un monde invisible, et il joue avec notre dimension pour me murmurer :

« Coucou, maman, je suis là, même si tu ne me vois pas, arrête de pleurer… »

Mais il faut du temps, dans la douleur de l'absence, pour que les messages, les signes, fassent leur travail de guérison.

Je voyais, j'entendais, je croyais comprendre l'ordre secret des choses, mais seulement avec mon esprit, mon cœur était trop déchiré pour l'accepter.

La souffrance ne me quittait pas.

On peut pleurer sans larmes.

Avec larmes, je ne pleurais que dans ma voiture, qui était devenue mon refuge.

Je pleurais entre la maison et le bureau, puis, au retour, entre le bureau et la maison. Les larmes coulaient toutes seules sur mes joues librement, enfin libérées. Quand j'arrivais, elles disparaissaient.

II

LA QUÊTE DE SENS

Les obsessions

Juillet 1984. J'entre dans un cauchemar infini. Mes pensées éclatent dans toutes les directions, comme si j'étais plusieurs.

Mon cœur ne parvient pas à y croire, le cri ne le quitte pas, ce n'est pas possible, rendez-moi mon enfant. Mon cœur dit NON. Il s'étourdit avec le secret espoir qu'un jour tout redeviendra comme avant. Adrien sera là. Tout cela n'aura été qu'un mauvais rêve. Le pire des rêves.

Je prie pour me réveiller. J'arrive parfois à y croire…

Tout cela n'est pas conscient, pas totalement, le mouvement s'amorce à la périphérie de la conscience.

Une autre en moi, dans l'inéluctable déchirure, crée la légende en se disant qu'il a échappé aux limitations de cette dimension pour une plus grande lumière, tandis que la rationnelle reprend tous les faits, les signes, pour les ordonner et tenter de comprendre la raison de son départ, dans l'espoir insensé qu'une minime modification suffirait à revenir en arrière et à le sauver.

Dans un autre endroit de ma tête, tout se bouscule, la culpabilité me submerge. Obsédée, je refais en boucle dans des nuits sans fin le film de ce jour fatal, de la chaîne des jours fatidiques qui ont mené à ce jour-là... Cherchant le détail, la possibilité de prendre une ligne temporelle différente où il ne se serait pas noyé, où il serait toujours là, avec nous.

Chaque matin en me réveillant, je retiens mon souffle, et les larmes me submergent, chaque matin je réapprends son absence, la réalité de sa mort.

L'incrédulité, le refus ressurgissent dans un immense cri intérieur.

Pendant des insomnies infinies, je retourne sans trêve vers ce dernier week-end en Bourgogne avant mon départ pour la Grèce, à l'épisode des duvalettes. Je revis ces deux jours où il n'a pas quitté mes bras, où nous avons fusionné tous les trois dans les rires et la douceur, où nous nous sommes promenés sous les tilleuls, à l'endroit même où ils ont déposé son corps sans vie deux semaines plus tard.

Je revis l'instant où il m'a échappé, où il a disparu. La vague d'angoisse me submerge, tout s'assombrit en un éclair. L'eau, les grenouilles, les plantes aquatiques ! Je me vois courir vers les douves... Le soleil ne se remet pas à briller, un gouffre s'ouvre en moi.

Je n'ai pas tourné la vanne pour descendre le niveau de l'eau,

je n'ai pas fait ce simple geste qui aurait pu tout changer.

On m'a donné un signe, une intuition et je n'en ai rien fait.

J'ai laissé le destin suivre son cours et Adrien se noyer.

Une pensée impossible, inacceptable, comment remonter le temps pour changer le cours du destin ?

J'ai vécu mille nuits d'obsession à revivre ce moment, mille fois où je tentais de revenir à ce moment-là, ce moment précis où j'aurais pu vider les duvalettes et où je ne l'ai pas fait.

Je revois la roue noire qui me nargue… Je m'approche, je la tourne et l'eau baisse peu à peu… mais c'est trop tard. C'est fini.

Et les larmes amères me suffoquent.

Mille fois je me suis imaginée penchée sur la roue, la tournant jusqu'à ce que l'eau baisse, baisse… et la douleur de ne pas l'avoir fait me laissait sans forces.

Mille fois j'ai tourné cette roue avec la sensation qu'on m'arrachait une partie de moi-même. Coupable mille fois.

Il y a des gestes manqués qu'il est difficile de se pardonner.

Pourquoi, pourquoi ne l'avais-je pas fait, ce simple geste qui l'aurait sauvé ?

Pourquoi ?

Tant de fois j'ai repris le cours des choses… même si je savais l'inéluctable.

Heureusement il y a eu les deux rêves.

Heureusement il est venu me voir.

Heureusement il me parle de là-bas.

L'ÉNIGME D'APRÈS LA MORT

Le temps a passé, la vie n'était pas simple, je me suis battue, j'ai cherché à comprendre, et je suis parvenue à la certitude essentielle qu'Adrien était bien vivant sur un autre plan, que je pouvais communiquer avec lui, lui parler, que la mort n'était pas la séparation absolue mais un passage dans une autre dimension mystérieuse.

Je n'ai pas posé à ma famille les questions qui flottaient dans mon esprit sur ce dernier jour, je n'ai donc rien su, ni qui était là, ni qui avait le premier remarqué l'absence d'Adrien, ni qui ni comment on l'avait retrouvé dans les duvalettes, toutes ces questions sont restées informulées, faute d'imaginer même de les poser. L'essentiel n'était pas là, mais dans ce que je tentais de percevoir au-delà des mots et des faits, où était passé mon petit garçon, mon Adrien. Et pourquoi.

De cette journée que je n'ai pas connue, je m'étais créé une image à partir de quelques phrases de ma mère, et cette image qui m'a accompagnée toutes ces années se révèle aujourd'hui bien éloignée de la réalité.

J'avais occulté aussi la culpabilité. Des creux noirs de douleur non résolue. Disparus dans des profondeurs où ils ne pouvaient pas me blesser.

Après ces longues années de lectures sur la mort, de recherches, d'intuitions, j'ai cru que tout était enfin clair, que j'avais compris le sens de la vie et de la mort, que mes communications avec Adrien, ses signes, ses messages, mes rêves, avaient soigné la douleur de la séparation et de la perte.

Adrien a tout fait pour que je regarde son destin tel qu'il était, dans son accomplissement. Il est venu me voir en rêve, il m'a parlé, il a ri. Pourtant, une ombre m'accompagnait encore, comme le signe de quelque chose d'irrésolu, un vague sentiment d'inaccompli. Un doute intérieur.

C'est alors qu'un événement m'a bousculée. Forcée à me lancer dans une quête de la vérité, en moi et autour de moi.

UN MESSAGE DE L'AU-DELÀ

À l'origine de ce récit, il y a une rencontre.

Les médiums, les voyants, sont toujours venus vers moi avec des messages de l'au-delà. Dans des dîners, des soirées, et même dans un Salon du livre un jour à l'île de Ré. À plusieurs reprises à travers le temps, ils m'ont parlé d'une Jeanne, un guide spirituel, qui m'accompagnerait. Elle me parle et je ne l'entends pas.

Je me disais, Jeanne ? Bon…

Le retour dans le passé, l'écriture de ce récit, tout a commencé en juin 2012, lorsqu'une clairvoyante m'a enfin transmis le message de Jeanne.

Voici ce qu'elle m'a dit :

« Une femme veut vous parler, une femme de votre sang qui veille sur vous de l'au-delà. Elle s'appelle Jeanne.

» Jeanne a un message très important. Ce passé que vous croyez guéri ne l'est pas. Vous avez enfoui au fond de votre cœur des douleurs et des peurs, qui se sont cristallisées en vous, comme une pierre noire. Un obstacle intérieur qu'il faut transmuter pour vous libérer… Vous devez retourner dans le passé, pour effacer la culpabilité car, même si vous l'ignorez, elle est là. Il faut parler d'Adrien, conjurer le silence, exorciser toute la peine. Puis vous écrirez pour transmettre aux autres la force que vous avez acquise dans la douleur.

» Sachez qu'Adrien est heureux, entouré, et qu'il travaille là-haut dans la lumière. »

J'ai d'abord pensé : « Tiens, Jeanne a enfin réussi à me transmettre son message. » Puis j'ai revu tout ce temps infini à essayer de comprendre pourquoi Adrien avait dû s'en aller, à conjurer la tristesse… et j'ai pris soudain conscience de ce que je n'avais pas eu la force d'affronter, cette culpabilité qui flottait comme une ombre dans mon esprit… J'ai senti dans la demande de Jeanne la justesse de la vérité.

J'ai écouté.

Je suis partie en quête du passé.

J'ai reparcouru le temps d'Adrien et de Prunelle, depuis leur naissance jusqu'aux dernières semaines, les derniers jours, le jour ultime, les moments qui ont suivi…

Il m'a fallu repartir sur des traces presque effacées. Image après image. Souvenir après souvenir. Douleur après douleur.

Savoir qu'Adrien était toujours là, dans une autre dimension, avait été l'étape fondatrice pour retrouver la paix intérieure. Le temps était venu d'exorciser les incertitudes et les ombres liées à sa mort pour continuer à avancer, pour me libérer, et enfin dénouer ces douleurs encore vivantes parce qu'ignorées. Car elles étaient bien là, il m'a suffi de regarder derrière le paravent de verre de mes peurs pour les trouver. Merci Jeanne.

Dans ce retour en arrière, ma mémoire est parcellaire, le choc a fait sombrer des pans entiers de souvenirs. Mémoire effacée. J'ai repris les bribes qui restaient encore connectées, et j'ai tiré les fils, peu à peu tout est revenu… l'essentiel en tout cas. J'ai revisité les événements du passé avec un regard nouveau, une indulgence libératrice.

Une à une, j'ai retrouvé les mémoires occultées, tout ce que je n'avais pas voulu regarder de trop près de peur d'en être déchirée. J'ai trouvé la culpabilité, le remords, une malédiction, des regrets.

Je suis entrée dedans, j'ai regardé de quoi ils étaient faits pour les soigner, les éliminer.

Les décrypter autrement. Autrement.

Et j'ai compris pourquoi la douleur, malgré mes tentatives de compréhension et de pacification intérieure, était restée aussi vive. Il ne s'agissait pas seulement de la douleur de la séparation, mais bien, comme le disait Jeanne, de celle de la culpabilité enfouie, que d'autres et moi-même m'avaient infligée, comme si le cataclysme de la mort d'Adrien n'était pas suffisant.

Ensuite seulement je me suis tournée vers ma famille, avec mes questions sans réponses, pour éclairer ce qui s'était passé et sortir de l'ombre le jour où Adrien est allé jusqu'à l'eau pour disparaître de notre dimension.

Je les ai rencontrés un par un, et ce que j'ai découvert a transformé en profondeur le tableau que j'avais imaginé pendant toutes ces années de silence.

Chacun y a pris sa place.

LE DÉVOILEMENT

Je n'ai jamais parlé d'Adrien autrement qu'en confidence à ceux qui sont entrés dans ma vie. Il est resté mon jardin secret. Ma douleur et ma grâce intimes.

Cela jusqu'à ce jour où m'est parvenu le message de Jeanne, elle qui depuis des années me parlait sans que je l'entende, qui m'envoyait des signes et des rêves dont je ne me souvenais pas.

Après son injonction à retourner dans le passé, Jeanne a ajouté que je ne pouvais plus rester en retrait, qu'il faudrait que je partage ce que j'ai vécu, que je ne devais pas craindre de m'exposer. Qu'ainsi je pourrais aider d'autres à comprendre. Comprendre que la mort n'est pas une fin mais une renaissance et que nous pouvons continuer à communiquer avec ceux qui sont partis, à travers les frontières qui nous séparent des mondes invisibles.

Y a-t-il un sens à la mort d'un enfant ? Au-delà de la révolte et du désespoir…

D'abord, j'ai eu du mal à imaginer le dévoilement.

Raconter ce qui s'est passé autour du départ d'Adrien, en faire un livre, me semblait presque choquant, impudique. Puis je me suis souvenu que dans la grande solitude qui a été la mienne après sa mort, c'est dans les livres que j'ai trouvé le plus grand réconfort.

De ces livres qui m'ont tant donné, tant aidée, plusieurs m'ont accompagnée de longues années. *Les Témoins de l'invisible* de Jean Prieur, *Les morts nous parlent* de François Brune, *La Source noire* de Patrice Van Eersel, *La mort, dernière étape de la croissance* d'Elisabeth Kübler-Ross, et d'autres encore…

Si des témoignages sur la communication avec ceux qui sont partis, et sur les expériences de mort imminente, ont pu adoucir ainsi ma tristesse infinie, pourquoi le mien sur l'extraordinaire histoire autour de la disparition d'Adrien ne pourrait-il donner de l'espoir à des parents désespérés ?

Tout ce que je raconte ici, je l'ai vécu, les rêves, les prémonitions, les signes, jour après jour, dans la douleur et l'incrédulité d'abord, puis dans la certitude de son bonheur. Tout est vrai.

Je n'ai pas cherché un sens à sa disparition dans les dogmes et les prêches. Ceux-là n'ont pas de réponse. Pas qui me convienne en tout cas.

J'ai dû emprunter les routes parallèles, les chemins de traverse, ces intuitions, ces livres justement qui se sont présentés à moi.

La mort n'est pas un domaine de certitudes.

Le doute nous oblige à nous reposer sans cesse les mêmes questions. Pourtant, dans cette incertitude fondamentale autour du plus grand mystère auquel l'homme est confronté, la vie après la mort, la survie de l'âme, il arrive que les circonstances nous offrent des messages, des signes d'une telle évidence qu'ils transcendent tous les rationalismes.

Des rêves prémonitoires, une apparition, une horloge dont les aiguilles tournent à l'envers, un rêve éveillé, des communications subtiles mais puissantes qui changent le sens des choses. Subitement le monde complexe, mystérieux, dans lequel nous vivons se modifie, l'étrange se fait évidence.

Depuis qu'il est parti, Adrien n'a cessé de me dire : *Je suis là, vous ne me voyez pas mais je veille sur vous, je vous entoure de mon amour. Ne soyez pas tristes pour moi, je suis heureux…*

Il a fallu qu'il le répète souvent pour conjurer la douleur.

Les enfants savent

Comme les deux rêves, mes prémonitions et celles d'Adrien n'ont pris leur véritable signification que lorsqu'elles se sont avérées. Lorsque leur message s'est ancré dans le réel, dans l'irréversible. Dans sa disparition. C'est alors, seulement, que j'en ai saisi le caractère prémonitoire.

« Les enfants qui vont mourir le savent », dit Elisabeth Kübler-Ross [1].

C'est juste, Adrien le savait.

Il était prêt, il savait qu'il ne serait jamais grand, qu'il ne passerait pas longtemps sur terre. Il a toujours été préoccupé par la mort : « C'est quoi la mort, maman ? Qu'est-ce qu'il y a après ? », me demandait-il gravement.

Je lui parlais lumière, liberté, douceur. « Après la mort on renaît, on passe dans un autre monde. Les enfants jouent dans la lumière. »

---

1. Elisabeth Kübler-Ross, née en 1926, médecin, psychiatre, thanatologue de réputation internationale, a été avant tout une pionnière en matière d'accompagnement des personnes en fin de vie, et d'enfants atteints du sida.

Je pensais à cette phrase qui m'a frappée dans *Le Livre des morts tibétain*[1], le Bardo Thödol, « l'état d'après la mort est semblable à l'état de rêve. Et ces rêves sont les enfants de l'esprit du rêveur ».

À Adrien, je ne pouvais parler que d'envol, de liberté et de douceur. Qu'aurait-il pu rêver d'autre ?

Et pourtant ses craintes étaient toujours là.

Il savait le danger de l'eau.

Adrien s'était incarné mais son corps était éphémère, il était fragile, comme s'il avait choisi de ne pas y être trop bien pour pouvoir partir plus facilement.

Quelque part au fond de lui, Adrien savait qu'il partirait tôt. Il l'a exprimé dans sa question, sa dernière phrase : « Tu crois qu'un jour j'aurai cinq ans ? »

Au fond de moi je le savais aussi, mais comment aurais-je pu l'accepter ? Et je crois que Prunelle aussi dans son inconscient savait que tous les moments avec Adrien étaient précieux et qu'il fallait les protéger.

Deux semaines à l'avance, pendant le bref moment d'effroi des duvalettes, j'ai pressenti le drame en un éclair.

J'ai été foudroyée puis ressuscitée par le son de sa voix. Soudain, il a été là contre moi, je l'ai serré dans mes bras en tournoyant de bonheur, et j'ai occulté.

J'étais là, notre lien d'amour était trop fort, il ne pouvait pas partir.

---

1. Librairie d'Amérique et d'Orient - Adrien Maisonneuve, 1977.

C'est ainsi. Je devais m'en aller loin pour le libérer. C'est ce que j'ai fait.

Je suis partie, et lui aussi.

Pour me consoler, je revenais toujours aux deux rêves.

Ils m'ont sauvée du désespoir en me montrant que, même si j'avais vidé les duvalettes, même s'il ne s'était pas noyé ce jour-là, il serait parti autrement, d'une manière infiniment plus sombre, plus violente et froide, à l'hôpital.

Ces songes disent que rien n'aurait pu changer le cours des choses, seulement le retarder, mais au prix d'un départ dans l'ombre et le feu, au lieu de l'amour et la lumière.

Les nuits ont malgré tout continué à me tourmenter, inlassablement.

Car ces messages que nous recevons de l'invisible doivent passer les barrières du mental, de l'émotionnel, des culpabilités, des remords et des regrets, avant d'agir en profondeur pour adoucir la tristesse. Aussi a-t-il fallu longtemps au message des songes pour parvenir à mon cœur. À ce moment-là seulement, il m'a soignée.

L'EAU NOIRE

Cette intuition d'Adrien, sa curiosité de la mort, de la séparation, est celle des enfants qui meurent jeunes. Ils sont inquiets parfois, ils se posent des questions sur ce qui se passe après, sur le moment du passage. Ils pressentent la séparation et redoutent la solitude, mais ils savent aussi, et c'est le plus important, ils savent qu'ils vont partir vers la lumière. Intimement, au fond de leur cœur d'enfant, ils savent qu'ils vont retourner à la maison. Leur maison de là-haut.

Ici la peur de la séparation, mais là-haut la lumière. Entre deux mondes.

Ce moment à venir, Adrien le pressentait avec un effroi qui faisait écho en moi. L'eau nous a hantés pendant des années. Toutes ses peurs convergeaient vers l'eau. Pas la mer, ni les lacs, ni les eaux réelles, comment dire ? Vers une eau symbolique, qui le menaçait d'un danger incompréhensible et fascinant.

Ainsi était-il captivé par un petit livre d'enfant, l'histoire sinistre de Noar le corbeau, qui finit noyé au fond d'une mare. Elle contenait un mystère qui me serrait le cœur, et la fascination d'Adrien me troublait sans que je sache pourquoi.

C'est ainsi que je m'en souviens. Sans doute la voyais-je si noire à cause de cette même peur que nous partagions inconsciemment.

Et que je comprends aujourd'hui.

En me replongeant dans le passé, je me suis souvenue. J'ai revécu le soir où il est revenu de l'école avec un dessin qui m'a terrifiée. L'impression d'être au bord d'un gouffre, un vertige intérieur incompréhensible.

J'ai revécu le choc devant ce dessin qui portait pour moi une charge vibratoire puissante, à la limite de l'incantation.

C'est un dessin d'enfant très simple, une haute échelle un peu tordue, un petit bonhomme défait en bas, dans ce qui voulait ressembler à de l'eau, rien d'inquiétant au premier abord si ce n'est son titre, écrit par la maîtresse. « Polichinelle monte à l'échelle et tombe à l'eau ».

L'eau encore.

J'ai feuilleté aussi tous ses dessins, certains sont sans couleurs, noirs. Presque sinistres. Je n'avais pas voulu le voir sans doute puisque je n'en gardais aucun souvenir. Il m'a semblé que je ne les avais jamais regardés, et pourtant ils sont là, bien rangés dans une chemise bleue intitulée « Dessins d'Adrien ».

Je ne veux pas les interpréter comme une menace, mais plutôt comme la peur de la séparation, de l'inconnu. Il savait d'une certaine façon qu'il allait partir tôt, mais sans la mémoire de son dessein ultime.

Est-ce que, quelque part en lui, la prescience de ce moment où il a laissé son corps couler au fond de l'eau sombre créait cette attirance mêlée de crainte ?

« Polichinelle monte à l'échelle et tombe à l'eau ». Cette eau qui l'attirait et le repoussait à la fois, il la voyait dangereuse.

Ou bien était-ce moi ?

Moi qui ressentais ces histoires avec un effroi secret, l'intuition du malheur.

Car quoi que j'en dise après toutes ces années, quelque justification que j'aie trouvée à son départ, ce fut un malheur.

Un malheur terrible.

Parce que nous sommes là, sur terre, et que la mort de son enfant est une apocalypse de l'âme, une douleur sans nom, jusqu'à ce qu'elle se transforme et prenne une autre signification.

Un jour il est là, le regard rieur, les cheveux blonds ébouriffés, avec pourtant une ombre légère sur son visage, une gravité singulière pour un enfant si jeune. Le sentiment d'un destin différent, éphémère.

Le lendemain, le gouffre, l'absence, la disparition.

Il savait sans savoir. Il ne supportait pas d'aller en classe, il ne voulait pas me quitter. Si j'avais su ! À quoi ça sert d'aller en classe quand on doit mourir à quatre ans et demi ?

Si j'avais su… Je l'ai porté dans mes bras hurlant, maman, maman, je ne veux pas te quitter, et le cœur déchiré, croyant bien faire pour lui, je le déposais à son école.

Encore une pensée qui m'a longuement hantée.

Et voilà, après les intuitions, les peurs, c'est fait. Adrien est reparti.

Une seconde vie commence. La vie d'après.

Je n'ai pas le choix, même si le séisme a tout bousculé sur son passage, il me faut continuer. Pour Prunelle.

Sans elle, je ne sais pas si j'aurais eu la force de continuer à vivre, à travailler, à exister. Mais elle est là, mon ange, ma petite fille adorée, et je la vois si triste que je n'ai d'autre désir que de la consoler. De continuer la vie comme avant, qui ne sera pourtant jamais la même…

La petite maison

C'est une petite maison d'un étage, couverte de glycine, dans une impasse du 17e arrondissement louche, près de la porte Pouchet. Je l'ai achetée peu de temps avant la disparition d'Adrien, un coup de cœur, une ruine. Tout devait être refait, elle était dans un état impossible. Je me souviens de cette impression étrange dans la chambre d'enfant, la première fois que j'y suis entrée. Des dessins étaient restés collés au mur, des dessins lourds de douleurs inacceptables, d'émotions troubles, hantés par des esprits malsains. Je les ai enlevés avec respect pour toute la douleur enfantine qu'ils contenaient, conte de fées/ cauchemar, j'aurais aimé les brûler, je les ai jetés.

Mais je ne les ai pas oubliés.

Aussi quand la vieille femme m'a jeté son sort, je l'ai pris sur moi. Je me suis demandé en un éclair ce qui s'était passé dans cette chambre. Dans cette maison. Les dessins tristes me sont apparus, j'ai ressenti les ombres…

Je revenais à Paris, c'était l'été, l'été de cette année-là, après Adrien. Encore dans un déni absolu. J'allais me réveiller, il serait là. Il est impossible qu'il ait disparu ainsi.

J'attendais qu'il revienne…

Quand j'ai garé ma voiture dans l'impasse, devant la petite maison, une vieille femme, une voisine, m'attendait. D'elle, je ne me souviens que de la voix mielleuse qui contenait tant de fausse compassion et de vrai triomphe que je m'en éloignais au plus vite.

« Cette maison a toujours porté malheur, elle est maudite. Je savais qu'il vous arriverait quelque chose de terrible. Le pauvre enfant. »

Le sort était jeté.

Il m'a foudroyée sur place. Les dessins troubles dans la chambre d'enfant, mon intuition de la souffrance, tout cela a jailli dans mon esprit et donné de la crédibilité aux ragots de la vieille femme, ravie de constater la douleur et le doute sur mon visage.

La voix du châtiment, du serpent. La voix qui jette l'anathème sur la mère coupable, coupable d'avoir mis son enfant dans un piège mortel, de lui avoir fait porter le poids d'une malédiction.

Si nous avions habité ailleurs, Adrien serait encore là. Mon choix, ma culpabilité.

Pendant des années, sans en avoir conscience, j'ai gardé ce poison en moi. Je ne pouvais m'empêcher, irrationnellement, de me poser la question : Y avait-il eu réellement sur cette maison, une malédiction dont l'empreinte serait restée dans la chambre d'enfants ?

Aurais-je dû le sentir et m'enfuir avec Prunelle et Adrien, pour les protéger ?

S'il y avait une malédiction, j'aurais dû la percevoir. J'avais été aveugle. Inconsciente. Coupable.

Au moment même où la phrase est sortie de la bouche de cette vieille femme, elle a répandu son poison en moi, comme un choc. Un instinct lointain s'est rebellé, mais l'angoisse a été la plus forte. J'ai cru d'une manière inconsciente, mais puissante, en une relation entre la maison et la mort d'Adrien. Sans plus me poser la question, j'en avais tant d'autres, j'ai endossé la responsabilité d'avoir fait vivre mes enfants dans une maison maudite et de les avoir mis en danger.

Je n'en ai jamais parlé à personne, c'était une pensée dangereuse qui ne pouvait se mettre en mots, une pensée qui me faisait trop mal pour que je l'affronte.

Et pendant toutes ces années, dans un coin lointain de mon esprit, j'ai nourri cette culpabilité, cette ombre noire, cette douleur.

L'été de ma quête, un livre m'a ouvert le chemin vers cette ombre, et donné la clef pour la regarder autrement. Dans *Les Accords toltèques,* don Miguel Ruiz dit que la parole est une force, que par la parole nous pouvons détruire ou guérir, et qu'inconsciemment les gens se jettent des sorts en permanence. On médit, on culpabilise, on cherche le point sensible pour y glisser une parole qui va pourrir et empoisonner.

C'est ce qui s'est passé. La vieille femme m'a envoyé son poison, peut-être sans en avoir conscience. C'est son problème que j'ai porté pendant toutes ces années. Un problème qui ne m'appartenait pas et qui a pourtant été une blessure.

Il a fallu que Jeanne m'oblige à remonter dans le temps, à affronter mes démons, pour que je regarde en face cette culpabilité et que je m'en défasse.

La petite maison que mes enfants ont tant aimée pendant toutes ces années, je ne la voyais plus qu'à l'ombre de mes peurs.

Elle existe maintenant en deux versions, deux visions.

La première, celle que je ne pouvais pas affronter, c'est le négatif de la photo, l'âme noire fixée en ces lieux. La résultante du sort jeté par la vieille femme.

L'autre, celle que j'ai enfin retrouvée, est celle de la lumière à travers la glycine et des doux moments avec mes enfants, même si Adrien n'y a vécu que quelques mois.

Cette petite maison, je l'ai aimée malgré tout. Mais le doute s'est installé, le quartier était mal famé. Prunelle a grandi. Je l'ai vendue. Je n'ai jamais pu y repenser sans angoisse. Sans culpabilité. Sans douleur.

Un jour, je passais à pied à côté de l'impasse, je suis entrée jusqu'à la petite maison, la regarder a réactivé tant de souvenirs douloureux que je me suis vite échappée. Plus jamais.

Cette tristesse était naturelle, la tristesse de la nostalgie.

Je sais maintenant avec certitude que cette maison n'avait rien à voir avec notre histoire…

Rien à voir avec le destin d'Adrien.

L'ABANDON

Les nuits sont impitoyables, les obsessions se succèdent.

Les duvalettes, les dessins sombres, la malédiction de la petite maison, et aussi la peur d'avoir trop confié mes enfants aux autres. Plus que la peur, le déchirement. L'absolue douleur de ne pas pouvoir revenir en arrière dans le temps pour le revivre autrement.

Dans mes errances nocturnes je revois tous les moments où j'aurais pu être avec Prunelle et Adrien et où je suis partie en les confiant à leur père, dont j'étais séparée depuis deux ans, ou à mes parents. Ces vacances, ces week-ends, tous ces moments me paraissent désormais volés.

Je les ai abandonnés.

Abandonnés.

Désespérément je cherche à m'interdire cette pensée, elle fait trop mal. Mais elle me poursuit dans les nuits sans fin.

Si je pouvais retourner dans le passé pour ne plus les quitter, pour savourer chaque instant, pour leur dire à quel point je les aime, pour guetter leurs sourires et leurs jeux…

Mes enfants chéris. Les photos de la dernière fête de l'école ont été comme un coup de poignard. Je n'étais pas avec eux. Je les regarde, avec des sourires hésitants derrière leurs visages peints, Prunelle en fleur, Adrien en lionceau, et mon cœur se serre. Ce moment que je n'ai pas vécu avec eux soudain me manque, prend une tonalité menaçante. Un véritable désespoir me saisit, comment ai-je pu être si légère ?

Si j'avais su…

Mais on ne sait pas à l'avance, j'ai vécu ma vie du mieux que j'ai pu, entre mes enfants que j'adorais et ma vie de femme.

Il n'y a pas longtemps, quand j'ai commencé à retourner dans le passé pour en exorciser ces dernières ombres que je ne savais pas encore si vivaces, j'ai rassemblé mon courage pour demander à Prunelle, alors que nous nous dirigions vers le parc Monceau, avec son fils dans la poussette : Avez-vous eu l'impression que je vous abandonnais, quelquefois, Adrien et toi ?

Ma question est timide, j'ose à peine lui demander de se pencher vers un passé qui lui a fait si mal.

Elle a eu ce regard lointain avant de me répondre :

« Avant non… C'est ensuite que je me suis sentie abandonnée. Sans Adrien et sans toi. »

À CE MOMENT-LÀ

Au milieu des multiples obsessions surgit un jour une interrogation qui ressemblait plus à une énigme, bien qu'elle m'ait beaucoup troublée.

Où étais-je à ce moment-là de l'après-midi quand il est tombé dans l'eau, quand il a voulu attraper une grenouille ou une herbe, quand l'eau l'a pris, englouti, endormi ?

Je revenais vers mes enfants, enfin délivrée des îles. Mais où étais-je exactement à ce moment-là ? Je ne sais pas. Ce que je faisais, ce que je pensais, je n'ai jamais pu le retrouver. J'ai longtemps cherché à savoir, mais tout s'embrouillait dans ma tête.

Je n'ai toujours pas la réponse, malgré d'innombrables retours en arrière. Je refais le trajet, l'île, le bateau, le petit avion, Athènes, l'avion du retour. Je ne sais pas. Je ne me souviens de rien.

J'ai détesté Athènes. Je ne veux jamais y retourner. C'est pour moi une ville terrifiante, je déteste encore Athènes, viscéralement. J'y ai été trop malheureuse.

Où étais-je quand Adrien s'est noyé ? Il est parti le dernier jour, en fin d'après-midi, juste avant mon retour. Il a profité jusqu'au dernier moment de l'amour, du soleil, de cette chaude vie familiale. Puis il s'est éclipsé, seul, en silence.

Je m'en suis longtemps voulu de n'avoir pas su, intuitivement, viscéralement, le moment exact de son passage vers ailleurs. De n'avoir pas été foudroyée à distance.

J'aurais dû avoir un choc à ce moment-là, le choc de la séparation, quand il est tombé, que l'eau l'a pris, quand il a respiré pour la dernière fois, et qu'il a quitté son corps pour monter si haut dans le ciel. J'aurais dû recevoir un signe, entendre une musique, une voix, être prise de vertige, sentir mon cœur se déchirer.

Je n'ai pas ressenti le moment précis où il est parti.

Cette pensée m'a longtemps tourmentée.

Aujourd'hui, je me souviens des heures et des heures passées à refaire le trajet dans ma tête sans jamais parvenir à faire coïncider les moments. Et je comprends que c'était sans importance. Que je me suis torturée pour un mirage.

Je repense à l'infinie douleur qui a été la mienne pendant cette dernière semaine en Grèce, douleur alors incompréhensible.

Comme si j'avais pris sur moi toutes nos angoisses prémonitoires afin qu'Adrien, mon petit amour, vive joyeusement les ultimes moments de son passage sur terre avec Prunelle.

J'étais là pour lui.

Cette distance entre nous n'était que virtuelle, elle se mesurait en centaines de kilomètres et quelques heures de vol, mais la vraie réalité est que nous ne nous étions jamais quittés.

Un voyage au loin

Hantée par ces angoisses qui tournaient dans ma tête de nuit en nuit, je tentais désespérément de les contourner, les dissoudre.

Comment faire taire ces voix de reproches et de regrets ?

Juguler le mouvement en spirale qui me laminait l'âme ?

Un jour, j'ai pensé que la mort après tout n'est qu'un voyage lointain.

Et j'ai projeté une autre image.

Adrien n'est pas mort, il est parti en voyage.

Il vit à l'autre bout du monde. En Amérique du Sud, au soleil. Au Brésil.

Pourquoi là-bas plutôt qu'ailleurs ? Je l'ignore. Pour moi c'était un autre monde,

Et l'imaginer dans un lieu concret de cette planète, une façon de le ressusciter.

Je le vois jouer avec d'autres enfants. Il est heureux.

Chaque fois que son absence menaçait de me faire exploser le cœur, je me réfugiais dans l'image d'Adrien là-bas.

Je me disais, il est vivant, vivant. Un jour je le retrouverai, un jour nous serons à nouveau ensemble. Ce n'est qu'un voyage au loin.

Cette image avait un effet magique, le mouvement s'apaisait et je le regardais vivre dans la lumière des tropiques.

Pas mort. Simplement ailleurs.

Et je pouvais respirer à nouveau.

Sa vie, sa mort

Je n'avais pas compris que la mort d'Adrien lui appartenait.

Je ne voyais plus que son impact sur ma vie. Et celle de Prunelle.

Sur notre vie.

Dans cette impossible déchirure, pour survivre il m'a fallu en quelque sorte m'exiler du monde, et surtout de moi-même. Un jour, quelqu'un m'a dit : Vous avez abandonné quelque chose de vous-même en chemin.

C'est vrai, j'en avais conscience. Mais je n'y pouvais rien.

Autrefois je n'avais peur de rien, j'étais prête à toutes les aventures, libre de tous mes rêves, sûre de mes intuitions et de mes forces intérieures, imprégnée d'un pouvoir quasi magique. J'avais mon souffle, ma petite musique, l'âme vagabonde et enchantée.

Et puis il y a eu le gouffre. La sensation que la beauté du monde avait glissé hors de mes mains pour s'éloigner vertigineusement.

Au moment fatidique où, dans une déflagration muette, mon univers a explosé.

Puis la « pierre noire », la somme de toutes les culpabilités, des remords et des regrets, s'est formée au fil du temps.

Et j'ai cessé de croire si totalement en moi.

J'ai cessé de croire que j'étais protégée de tout, que tout était possible.

Que la lumière existait, que l'amour guérissait tout.

Une immense faille s'est ouverte.

C'est pourquoi il m'a fallu aller creuser, retrouver le processus d'enténèbrement pour le transformer.

La disparition d'Adrien a longtemps obscurci mon cœur, mon lien avec notre dimension. Elle a enfin illuminé mon âme, par la découverte d'un Sacré intangible, de ce lien d'Amour qui se poursuit après la mort.

Je n'avais pas compris que ce n'était pas à moi que la mort d'Adrien était arrivée.

Aucun d'entre nous ne l'avait compris.

Nous n'étions pas en cause, ce n'était pas notre vie, mais la sienne. Ce n'était pas notre mort, mais la sienne.

III

UN REGARD D'ENFANT

Prunelle

Parfois, un enfant naît avec une lumière singulière, une aura de claire conscience. Il tourne son regard vers nous, et nous avons la sensation qu'il sait des choses que nous ignorons, qu'il voit plus loin que notre regard.

Ainsi était Prunelle enfant. Elle est née avec une sorte de sagesse, et le double regard qui se souvient derrière *le voile de l'oubli*. Ce voile qui se pose sur notre esprit à la naissance pour que nous naissions la mémoire vierge.

Je revenais de ce long voyage sur la route des Indes et en Asie du Sud-Est, notre appartement rassemblait toutes les couleurs joyeuses de l'Asie. À sa naissance, je la contemplais, miniature brune aux yeux en amande, et j'ai pensé qu'elle était une âme lointaine ramenée avec nous de voyage.

Je la voyais porteuse d'un savoir ancien, détentrice de secrets de la vie, des herbes et des esprits. D'un don qu'elle développerait un jour.

Ce qu'elle a fait en suivant la voie de la médecine.

Puis Adrien est né, blond et rond, lumineux.

Mes deux enfants, mes cœurs, mes amours, aussi liés l'un à l'autre que s'ils avaient été jumeaux, elle veillant sur son petit frère avec tant de tendresse qu'on en était émerveillé.

En y repensant, j'ai le cœur serré.

Elle pressentait l'absence, le danger, elle essayait de conjurer ce qui allait survenir.

Elle le protégeait en permanence.

Puis est venu le jour où il a fallu qu'il parte, où il s'est fait invisible pour se glisser jusqu'à l'eau.

Sans que personne s'en doute.

L'été s'annonçait chaud, la maison était pleine. Dehors, à l'ombre des tilleuls, ils étaient tous là. Mes parents, mes frères et sœurs, le père d'Adrien, des amis peut-être. Ils venaient de se retrouver, discutaient, bouquinaient.

Des enfants qui courent.

Un enfant qui disparaît.

Et Prunelle.

Je l'imagine, petite silhouette en haut du talus, voyant tout et ne disant rien...

Presque invisible, elle a vécu l'angoisse de la disparition d'Adrien, la peur qui soudain serre le cœur, les vaines recherches, puis son père avec la fourche qui sonde les duvalettes, et le corps d'Adrien inanimé, couvert d'herbes aquatiques, qu'ils sortent de l'eau pour le poser dans l'herbe...

Le silence vibrant d'incrédulité.

Lorsqu'elle a retrouvé la parole, ses premiers mots ont été « Qu'est-ce que maman va dire ? » Elle se souvient aussi d'avoir dit à son père, dans le petit couloir qui menait à la chambre de sa grand-mère : « Mais comment on va le dire à maman ? »

J'étais sa première préoccupation.

Je ne sais pas ce qu'on peut comprendre de la mort à six ans. Face à un drame incompréhensible qui concernait son frère, elle a su que plus rien, jamais, ne serait pareil. Elle a eu peur pour moi. Comme j'avais peur pour elle.

Nous étions trois, et soudain notre vie s'écroulait.

Une vie sans Adrien était inconcevable.

Conte pour Prunelle

Prunelle me protégeait, je la protégeais.

Rien ne me faisait plus peur que sa tristesse. Je réalise maintenant que j'ai toujours voulu inconsciemment compenser sa douleur de la séparation.

J'aurais voulu mettre le monde à ses pieds, combler ses vœux les plus cachés, j'étais prête à lui raconter les plus belles histoires. C'était d'ailleurs ainsi que je ressentais les choses, et je les lui disais avec des mots pour les enfants.

Pour la garder dans notre monde enchanté, j'ai fait de la mort d'Adrien un conte merveilleux. D'une certaine façon j'y croyais, Adrien s'était enfin envolé, comme il en rêvait.

Il était persuadé qu'il suffisait de mettre son habit de Superman pour lui emprunter ses pouvoirs, j'ai dû le retenir quand, du balcon de la petite maison, il voulait s'envoler. Quand on l'a habillé pour dormir dans son cercueil, j'ai pensé qu'il en rirait, malicieux, maintenant qu'il connaissait la griserie de la liberté.

Et je disais à Prunelle :

« Tu vois, maintenant il vole là-haut libre comme un oiseau. Il est heureux dans un monde où tout est lumière. »

Et ma petite Prunelle est restée là, sur cette terre pas drôle où on doit aller en classe, avec sa maman cassée, et elle ne comprenait pas pourquoi Adrien l'avait laissée derrière lui au lieu de partager cet espace de beauté et de liberté avec elle.

Je n'avais pas réalisé que plus beau était ce monde où il était parti, plus grande était sa peine. Comment avait-il pu s'envoler sans elle ?

Ils étaient si proches, dix-huit mois d'écart, avec derrière leurs rires une complicité singulière qui me frappait parfois.

Était-elle due à la prescience de sa disparition, cette ombre légère sur leurs visages ?

Tandis que je vivais seule ma détresse et ma culpabilité, Prunelle prenait sur elle une responsabilité qui n'était pas la sienne, à six ans, qui n'est pas l'âge où l'on doit porter des choses si lourdes.

Ses yeux perdirent leur éclat rieur.

Il n'y avait pas de petite fille plus sérieuse qu'elle. Elle s'est jetée dans le travail, les devoirs, les leçons. Je rêvais qu'elle fasse des bêtises.

Elle a grandi, mais, un jour, à force de garder en elle toutes ses douleurs, elle est tombée dans un état de tristesse absolue. Il lui a fallu un long chemin pour se reconstruire dans une nouvelle vision du passé. Toutes ces années elle s'était sentie coupable, rongée par une pensée terrible. « C'est à cause de moi qu'Adrien est mort, je n'ai pas su veiller sur lui. C'est à cause de moi que maman est si triste et que le monde a changé. »

Je la voyais lointaine dans sa tristesse mais je n'osais pas lui poser de questions, de peur de réactiver sa souffrance d'abandon. J'aurais aimé la prendre dans mes bras et pleurer avec elle et peut-être est-ce ce que j'aurais dû faire. Je cherchais à l'entourer de tout mon amour, j'étais prête à tout pour elle, si petite, si fragile et en même temps si forte. Je craignais que sa force ne se retourne contre elle, à tout assumer pour les autres. Je lui souhaitais l'insouciance, la légèreté, l'amour, les amis et les fêtes. Je parlais à Adrien, je lui demandais de s'occuper d'elle, de tisser de la lumière autour d'elle.

Elle a retrouvé le sourire quand son frère Alexandre est né, quelques années plus tard. Son demi-frère en réalité, mais, pour Prunelle comme pour moi, il a toujours été son frère, tout simplement.

La véritable guérison a été la naissance de son fils.

Nous en avons parlé aujourd'hui. Pour elle, pendant longtemps, Adrien allait revenir, elle voyait sa mort comme un état passager, un voyage au loin. Dans ses souvenirs il était même avec nous.

L'été de la disparition d'Adrien, nous sommes parties au Brésil chez des amis, et nous avons passé quelques jours toutes les deux, coincées sur une île par un énorme orage. Nous nous promenions sur les sentiers de sable dans les parfums poivrés, sous les averses tièdes. Chaque fois qu'elle repense à ces moments, nous ne sommes pas seules, un petit garçon nous accompagne. Adrien est avec nous.

Elle le sentait, elle le voyait sans le voir, il était là.

Elle en était sûre, un jour il allait revenir.

Puis soudain vers l'âge de huit ans, à une réunion de famille, elle a regardé autour d'elle, tous ses cousins étaient là, et brutalement elle a réalisé qu'Adrien, lui, était absent et ne reviendrait pas, sa disparition était définitive.

La tristesse l'a envahie, cette révélation soudaine a été un choc immense.

Mes craintes que Prunelle et Adrien se soient sentis parfois abandonnés, à cause de mon travail, de ma vie, ces craintes étaient vaines. Ils étaient ensemble dans leur univers d'enfant, et cela suffisait à les protéger de tout.

C'est après, une fois son frère parti et moi désespérée, même si je tentais de le cacher, qu'elle a connu la solitude absolue.

De l'autre côté

Ce conte de lumière que j'ai raconté à Prunelle n'était que le reflet d'une vérité dont mon intuition me donnait la clef. Le secret de la vie après la mort, d'un espace céleste où Adrien se trouvait.

Les années qui ont suivi sa disparition, j'ai été magnétiquement attirée par les livres qui touchent aux messages de l'au-delà, à la vie après la mort.

Je ne connaissais pas encore les expériences menées dans le monde entier par des médecins, des scientifiques, des journalistes autour des phénomènes proches de la mort et de ceux qui en sont revenus.

Lorsque j'ai lu leurs livres, découvert leurs témoignages, j'ai pu enfin mettre des mots sur mes intuitions. Ils m'ont rassurée par leur regard scientifique et ouvert. Car, bien que je sois sensible à l'invisible, j'avais encore besoin de preuves, de voix rationnelles, pour étayer ce que je sentais vrai.

Je croyais et je doutais. Qui sait, pour conjurer l'effrayante étrangeté de sa mort, j'aurais pu moi-même inventer des liens imaginaires, des rêves, des signes avec

Adrien, qui n'auraient été que l'effet de mon propre pouvoir créateur.

Mais tous ces récits m'ont confirmé que je n'avais pas imaginé les communications, les rêves, les signes. Mon expérience rejoint des millions d'autres, la communication avec les morts existe depuis des millénaires, elle a été racontée à travers les siècles avec les voix et les langues entremêlées de toute la planète.

Ce conte pour Prunelle n'était pas qu'un conte, j'y croyais, j'y crois toujours... Même pour conjurer sa tristesse d'être restée sur la terre, si j'avais le don de revenir dans le passé, je ne saurais renier la vision d'Adrien évoluant, libre, dans un monde de lumière.

Je lui donnerais seulement un contrepoint, je dirais à Prunelle l'importance de son propre chemin sur terre.

« Ma Prunelle, ton dessein n'est pas celui de ton frère. Il a choisi de ne faire qu'une brève apparition sur terre et de repartir, après quelques années avec nous. Oui, il est dans un ailleurs lumineux, il vole dans le ciel, il joue avec les étoiles, et il te voit, il veille sur toi, il t'entend et il te parle de mille façons... Le souffle du vent, une feuille qui tombe, un chant d'oiseau, une caresse... Toi, tu t'es tracé une autre voie, une longue vie où tu rencontreras aussi la lumière et l'amour, la douceur et la beauté. Tu es une belle âme, forte et volontaire, tu mérites tout le bonheur du monde. Tu es importante, tu n'es pas là par hasard, tu as ton chemin à faire, des enfants à mettre au monde, une mission à accomplir, et cela comblera ton âme.

» Lui est heureux là-haut, toi, tu le seras ici. N'en doute pas un instant. Tu as seulement choisi un autre temps pour ton retour à la maison d'en haut. La vie sur terre passe en un éclair, et un jour vous vous retrouverez. »

Voilà ce que j'aurais pu lui dire si j'avais moi-même compris l'ordre des choses. Je lui aurais dit la possibilité du bonheur ici. Mais cela, je n'y croyais pas moi-même. Comment aurais-je pu le lui dire alors que la vie sur terre m'apparaissait comme une épreuve, une douleur... Passé le paradis de l'enfance, j'avais été submergée par l'envers du monde, la difficulté d'être, les limitations humaines. La réalité broyait mes rêves.

Je me souviens encore de ma révolte envers ma mère. Elle ne nous souhaitait pas nos anniversaires, ce qui n'avait pas beaucoup d'importance. Mais elle allait bien plus loin, elle estimait que c'était à nous de lui faire un cadeau, pour la remercier de nous avoir mis au monde ! Comme elle l'avait fait avec sa propre mère, ce qui suggère de sa part une certaine prédisposition au bonheur, ou à l'inconscience...

Cette vision utopique du monde et la certitude béate de ma mère de nous avoir fait le cadeau de la vie m'indignaient. Je lui suggérais de s'excuser plutôt de nous avoir jetés dans les tourments de l'incarnation. Elle me regardait en secouant la tête, ébahie que je puisse trouver l'existence compliquée et le monde dans lequel nous vivons difficile.

Un regard d'enfant

Maintenant, mon regard a changé, au bout d'un long chemin parcouru d'épreuves multiples mais fructueuses. J'ai retrouvé les fulgurances que je vivais enfant, j'ai rejoint la petite fille dans sa lumière. Je pourrais dire à Prunelle la beauté du monde, parce que je la vois enfin, cette beauté qu'il nous appartient à chacun de créer.

Alexandre

J'ai attendu à nouveau un enfant, un garçon, Alexandre. C'est le seul moment de ma vie où j'ai été heureuse de skier, presque en extase, quand j'étais enceinte de lui. Le temps était magique, doux, les pistes divines, j'avais soudain envie de chanter en glissant sur la neige parfaite. Ce bébé qui bougeait en moi, cette petite âme était un cadeau du ciel.

Alexandre est né un 29 juin, la veille de ce jour du 30 juin qui me revenait chaque année comme une nouvelle douleur. Comment ne pas le voir comme un signe ?

L'anniversaire de la naissance d'Alexandre un jour avant celui de la disparition d'Adrien... De ce passage par la mort que je dois apprendre à fêter, puisque pour lui c'est le retour à la lumière, la renaissance dans l'au-delà.

À ce moment-là, je vivais encore le tourbillon de larmes de la mort d'Adrien.

Le renouveau s'est fait par la naissance de son frère.

J'entendais la petite voix d'Adrien me murmurer : « Vis le bonheur de la naissance de mon frère pour oublier les larmes de mon départ. La vie continue, regarde-le et sois heureuse. »

Il avait raison. C'était la vérité. Alexandre bébé était une boule d'énergie et de lumière, puis le plus magnifique petit garçon qu'on puisse imaginer, avec son regard vert laser et une imagination créatrice qu'il projetait dans des dessins étonnants.

Prunelle retrouvait le sourire en le regardant danser et faire le clown.

Il a mis beaucoup de douceur dans nos cœurs, notre petit imprécateur comme nous l'appelions, avec sa flamme toujours vive et ses révoltes contre toutes les injustices du monde.

29 juin/30 juin, le plus beau cadeau. La plus merveilleuse consolation. Alexandre.

IV

DIALOGUES AVEC L'AU-DELÀ

… Mon cœur, j'aimerais retourner dans le temps – une fois.

J'aimerais encore une fois sentir ton poids contre moi, respirer ton odeur d'enfant, scruter la couleur de tes yeux – noisette mêlé de vert ? –, passer la main dans tes cheveux, entendre ta voix.

Je ne me souviens plus de ta voix.

L'entendre une ultime fois pour l'enregistrer à tout jamais dans ma mémoire.

Écouter tes mots.

Les savourer, t'entendre rire,

Te voir cueillir des fraises des bois pour t'en barbouiller la bouche,

Et ton regard qui rit vers Prunelle radieuse

Vous voir tous les deux marcher main dans la main

Dans votre complicité heureuse…

Toi. Elle. Nous.

Te serrer dans mes bras, cette seule idée fait venir les larmes.

Revivre une journée, un instant tous les trois.

Voilà, c'est un rêve, mais le seul fait de l'évoquer a fait surgir des images lumineuses.

On ne peut pas remonter le cours du temps.

Le passé est le passé.

Le présent seul nous appartient.

Ni le passé ni l'avenir.

Mais l'amour nous relie pour toujours à ceux que nous aimons.

Au-delà de la mort. Du temps et de l'espace.

La grâce

Les états d'âme se succèdent. Parfois imprégnée de la certitude de l'existence d'Adrien dans une autre dimension mystérieuse, parfois si désespérée de cette infinie séparation, habitée de tous les doutes, ravagée par mes multiples culpabilités, au cœur de la nature humaine en quelque sorte. Le mental et l'intuition s'affrontent.

Quelque chose en moi renâcle à accepter les signes qu'il m'envoie. Et si je m'illusionnais ? Les rêves ? Les signes ?

Je le voulais Lui. Adrien. Le voir, le revoir. Le serrer une dernière fois dans mes bras. Follement, irrationnellement, je l'appelais.

J'avais lu ces témoignages où les morts viennent dire un dernier adieu à leur mère, leur ami, ceux qu'ils aiment. C'était donc possible. Pourquoi Adrien n'était-il pas venu ? Pourquoi ne viens-tu pas, mon cœur, mon petit amour ?

Je réalise soudain qu'il a anticipé ma prière, la nuit où il m'est apparu, si petit, illuminé de cette lumière divine, et s'est doucement agenouillé devant moi tout en me regardant dans les yeux.

Lorsqu'il m'a dit les mots qui changent tout. Qui effacent les peurs, les obsessions, les remords.

« Il fallait que je parte. » Il est venu me le dire lui-même.

« Il fallait que je parte. » Il n'avait pas eu le choix, c'est l'étrange vérité qu'il m'a fallu un moment pour accepter.

Bien sûr, nous étions dans deux dimensions différentes, mais il est descendu jusqu'à moi pour me réconforter. Et plus, me dire l'inéluctable. « Je n'avais pas le choix », sinon bien sûr comment aurait-il pu partir, se séparer de nous ?

Il a trouvé le moyen de venir me voir, il a passé tous les obstacles que rencontrent les messagers de l'au-delà.

C'est l'amour qui a établi le contact.

Le message d'Adrien est simple et limpide, le moment était venu.

Mais pourquoi devait-il repartir si vite, si tôt ? Pourquoi était-il venu sur terre pour si peu de temps, dans quel but ?

Ce fut le début d'un long cheminement pour comprendre pourquoi mon enfant chéri, de quatre ans et demi, devait repartir de l'autre côté. Mourir.

Pourquoi il s'était incarné, quel était le dessein de son passage si court sur terre.

Je sais qu'il est proche, je lui parle, il veille sur moi, sur Prunelle…

Je lui pose des questions, il me répond.

Je lui demande de l'aide, il me la donne.

Pourquoi l'infinie tristesse ne se dissipe-t-elle pas ?

La chouette blanche

Un soir, revenue en Bourgogne, dans cette maison hantée par tant de souvenirs, j'ai envie d'être seule. Je monte dormir dans le salon du haut, comme nous l'appelons, un ancien grenier sous les poutres maîtresses de la maison, aménagé autrefois par Jules Roy pour en faire son antre d'écrivain. Il y a un grand lit derrière un paravent, qui reçoit rarement des visites. C'est l'endroit où personne ne dort. Il me convient très bien.

La nuit est sombre mais douce. Je m'allonge, avec une sensation de bien-être insolite, lorsque surgit cette pensée terrible, *il a froid dans sa tombe, il est seul, seul, il m'appelle. Il m'appelle au secours, maman, viens, j'ai froid et je suis seul.*

L'angoisse me bouleverse, deux forces se disputent en moi, l'intuition face à un instinct viscéral qui me pousse à aller le retrouver, mais qui mais où, dans ce cimetière où il n'y a que des morts.

J'essaye de me raisonner. Cette voix n'est pas celle d'Adrien, je le sais déjà loin, le froid et la solitude ne peuvent plus l'atteindre là où il est. Ce sont mes peurs qui parlent. Ce sont elles que je dois apaiser.

À ce moment, je sens sur ma main une caresse, douce mais précise, puis un froissement des draps, une onde de joie me parcourt… Adrien. Il est là. Une certitude claire.

Je revisite cette sensation si physique de sa main sur la mienne quand j'entends un bruit à la fenêtre juste au-dessus du lit, une chouette blanche vient frapper au carreau. Je la regarde, je l'écoute. Perchée sur le rebord de la fenêtre, elle hulule doucement, juste pour moi. Un sourire d'une douceur inouïe se répand en moi, un sourire d'enfant qui fait une blague, qui joue avec les dimensions.

Adrien me sourit, il est là, il m'a effleuré la main et il m'envoie une messagère, une blanche apparition qui me berce de son chant nocturne, comme pour me dire : « Tu peux t'endormir le cœur tranquille, tout va bien. »

Tout va bien, c'est ce que je leur disais comme une litanie, lorsqu'un cauchemar les réveillait la nuit, mes enfants chéris. Tout va bien, une chanson douce pour les envelopper de tendresse, pour éloigner les peurs et les mauvais rêves.

Ce soir-là, à son tour, il me l'a dit avec la voix de la chouette blanche, tout va bien maman, tu peux dormir tranquille, je veille sur toi.

Ainsi sont ceux que nous aimons et qui nous ont quittés, des veilleurs, des protecteurs. Loin d'avoir disparu de notre vie, ils l'investissent. Ils nous donnent des signes, ils essaient de nous dire qu'ils sont là.

Nous les entendons ou pas. Nous le savons ou pas.
Et pourtant ils sont bien là.
Si loin, si proches.

Quelqu'un veille sur moi

C'est une sensation que j'ai déjà connue. Pendant des années après sa mort, Bon-Papa, mon grand-père maternel, a veillé sur moi. Je sentais sur moi son regard attentif, et de savoir qu'il me protégeait ainsi m'a probablement empêchée de faire quelques bêtises.

J'avais dix-sept ans, et un peu de folie dans la tête. Je cherchais l'incandescence dans l'amour, l'idéal dans la vie, le sens de toutes choses, la fusion, la transformation alchimique. Je cherchais une réalité à la hauteur de mes rêves, j'ai connu une certaine désillusion, une profonde tristesse. Mais Bon-Papa m'accompagnait, et je ne pouvais pas le trahir. J'ai continué à avancer dans la vie alors que par moments je n'avais qu'une envie, disparaître.

Comment savais-tu qu'il était là, pourrait-on me demander. Je le savais. C'est tout. Je savais son regard sur moi. Sa présence. C'est du domaine de l'inexplicable.

Ainsi en est-il avec Adrien, il est là. Il a été là chaque fois que j'en avais besoin. Dans ces jours et ces nuits qui s'enchaînaient, entre l'incrédulité et la révolte, il a tout fait pour adoucir mon désespoir, il est resté si proche que je sentais sa présence dès que je l'évoquais. Il m'a envoyé des rêves et des intuitions, il a changé le monde autour de moi.

Il n'a cessé de me chuchoter : « Maman, je suis là, ne t'inquiète pas pour moi, ici il y a beaucoup de lumière. »

Petit magicien de ma vie, il a comblé tous mes vœux, il a entendu toutes mes prières, il a transformé les épreuves en bénédictions.

Il savait à l'avance notre tristesse, mais, cela, il n'y pouvait rien.

Il a été ma douleur et ma grâce.

Les premières années, j'avais tant besoin de le sentir que je l'ai beaucoup sollicité, puis au fil du temps, quand j'ai avancé dans ma compréhension de l'ici et de l'au-delà, l'apaisement est venu. Je ne voulais pas le retenir avec des sentiments négatifs de peur, de manque, de douleur. Il m'a fallu les transcender pour qu'il soit libre.

Nous retenons ceux qui sont partis avec notre douleur. Ils sont perturbés de nous voir si tristes, alors qu'ils sont libérés de l'incarnation, et ces liens les assombrissent.

« La nostalgie est une douleur qui fait mal dans les deux mondes », cette phrase du médium brésilien Chico Xavier m'a beaucoup touchée, je sens sa justesse.

Il nous faut accepter la mort de nos êtres chers, leur nouvelle vie sans nous, les laisser s'éloigner, ils ont leur chemin à faire ailleurs.

C'est alors qu'ils sont libres de veiller sur nous.

Une communication

C'est toujours difficile, pour ceux qui sont passés de l'autre côté, de communiquer avec nous.

Ils nous voient tristes et voudraient nous réconforter.

Mais ils nous parlent et nous ne les entendons pas.

Ils nous envoient des rêves dont nous ne nous souvenons pas.

Ils nous font des signes que nous ne voyons pas.

Aussi, lorsque nous croisons des médiums, des clairvoyants, des êtres connectés avec l'invisible, nos défunts en profitent pour nous parler par leur intermédiaire.

C'est ce qui m'est arrivé. Pendant un voyage dans les Alpes, un été, je dîne chez des amis avec E., le père de mon second fils, quand celui-ci est pris d'un malaise et décide de rentrer à l'hôtel. Étonnée, je le regarde partir. Dès son départ, notre hôtesse, connue pour ses dons de clairvoyance, se tourne vers moi et me dit : « Votre fils est là. Il veut vous parler. »

Nous nous éloignons dans une autre pièce, et alors commence un dialogue dont je ne me souviens que par bribes, comme souvent ces communications qui prennent le caractère onirique des songes. Peut-être sont-elles destinées à s'imprimer dans une partie supérieure de l'esprit, dans l'âme plutôt que dans le mental, et y faire leur chemin dans l'invisible, jusqu'au jour où le moment est arrivé pour elles de ressurgir. Et de prendre leur véritable signification.

La première chose que me dit Adrien, c'est qu'il a fait partir E., car il voulait me parler sans sa présence. Son message ne s'adresse qu'à moi. Il est de l'ordre de l'intime, de la spiritualité que nous partageons, de notre échange au-delà des frontières des mondes.

Il me dit à nouveau que je ne dois pas être triste, qu'il est heureux, dans une lumière que je ne peux imaginer et que je connaîtrai un jour.

Et il arrive au cœur de son message : « Tu auras un jour un travail à accomplir, et nous le ferons ensemble... »

Je me souviens de mon apaisement, d'une sensation de plénitude absolue, de vibrations d'amour et de lumière. Adrien.

Les moines tibétains

Octobre 2002. J'ai rendez-vous avec mon ostéopathe préférée, que j'appelle affectueusement Brinbrin, une figure maternelle malgré sa jeunesse… et médium.

Je monte dans ma voiture, avec une pensée fugitive pour l'*Ave Maria* de Schubert chanté par Kiri Te Kanawa, qui me transporte chaque fois dans des sphères de lumière. Au moment même où j'allume la radio, une voix pure s'élève, Kiri Te Kanawa.

Une synchronicité, un cadeau. Un sourire.

À peine suis-je allongée sur la table d'ostéopathie que Brinbrin me demande : « Vous avez une question, quelle est cette question ? »

De quoi parle-t-elle ? Quelle question ?

Soudain celle-ci m'apparaît, comme si elle s'écrivait sur une page intérieure :

« Quel âge a-t-il ? »

Quel âge a Adrien ? Cette question a toujours plané quelque part dans mon esprit. Au fil du temps, elle revenait, fugitive et insistante. Je ne savais comment y répondre, l'esprit partagé entre plusieurs possibilités déroutantes : Est-ce qu'on continue à grandir de l'autre côté, ou bien aura-t-il toujours quatre ans et demi, là-haut ? Ou choisit-on son âge en arrivant, un âge idéal ?

Brinbrin continue : « Demandez-lui son âge... » D'abord je ne comprends pas... Mais la question revient, quel âge a-t-il maintenant ?

En moi-même j'essaie de répondre. Dans notre dimension, il aura – aurait – vingt-deux ans mardi prochain, mardi 16 octobre... J'ai du mal à faire le calcul. Le temps se bouscule dans ma tête. Vingt-deux ans, déjà, c'est fou.

Soudain je visualise Adrien... mon esprit monte très haut, vertigineusement haut, et j'arrive devant lui. Il est assis derrière un bureau couvert de papiers et de livres, revêtu d'une robe orange comme celle des moines tibétains, le visage lumineux. Je lui demande :

« Quel âge as-tu ? »

— Dix-huit ans », me répond-il très clairement, et c'est vrai qu'il a grandi. Je regarde ce jeune homme qui est lui, ses yeux sont les mêmes ainsi que son sourire. Il répète : « Dix-huit ans. »

Pourquoi dix-huit ans ? C'est curieux, cela ne correspond à rien...

Soudain je réalise qu'il est parti il y a dix-huit ans.

Il y a dix-huit ans que mon petit garçon, mon cœur, mon petit amour, est passé par l'eau pour renaître là-haut. Un baptême total et irréversible, me laissant incrédule, déchirée, à la recherche de compréhension, de sens, ne sachant pas dissocier le petit corps humain et l'âme envolée.

Il est devant moi, il me regarde avec amour et continue :

« Désormais, je ne serai plus en face de toi, mais à côté de toi, et nous travaillerons ensemble. Souviens-toi, ensemble. »

Une immense onde de paix lumineuse m'entoure et me pénètre.

Quand je reviens sur terre, dans le cabinet de Brinbrin, la lumière m'entoure toujours. Je lui raconte ma vision. Ma certitude d'avoir retrouvé Adrien, et pourtant, comme une ombre portée, le doute. Et si j'avais tout imaginé ? Dans mon désir de le retrouver, de lui parler…

Pour Brinbrin, la réalité de la communication est évidente.

Je ressors de chez elle légère et irradiée de lumière mais quelque part, au fond de mon esprit, subsiste un doute. Un doute infime. Aussi Adrien a-t-il décidé de m'envoyer un signe que mon mental récalcitrant ne pourrait pas contester.

Le soir même, le téléphone sonne, une amie italienne me propose de venir à une soirée organisée par le créateur de mode Philippe Model autour de… huit moines tibétains. Tiens, comme Adrien dans ma vision du matin. Je ferme les yeux, je le revois vêtu de la robe safran, il me sourit. Et j'entends la voix de mon amie ajouter : cette soirée a lieu le 16 octobre. 16 octobre, le jour de l'anniversaire d'Adrien, mon petit garçon de l'automne.

Deux signes pour me dire : « Ce n'est pas un rêve… Fais-toi confiance, crois en toi, crois en moi, maman. »

Voilà comment il joue entre les dimensions.

Là-haut, il travaille lui aussi, c'est ce que me dit cette vision, et nous sommes liés dans ce que nous faisons. Je publierai en 2011 un premier roman, *Les temps qui viennent*, qui parle de l'invisible à mi-voix, qui ouvre des portes vers des terres ignorées, qui transmet une autre vision du monde, celle qui s'est formée peu à peu dans mon esprit au cours de mes longues recherches. C'est la genèse de ce qu'Adrien et moi écrirons ensemble, une écriture intuitive. Il me fallait apprendre à écouter mes voix intérieures, à me relier à ceux qui m'accompagnent dans l'invisible, qui me guident et me protègent.

Cette force dans la douleur qu'il m'a offerte à la lumière de son amour est une grâce immense. Car loin de se défaire avec la mort, les liens d'amour se magnétisent et prennent une intensité surnaturelle lorsque nous en prenons conscience.

Ils nous rappellent à notre âme, à notre être, à cette partie de nous-mêmes qui sait.

V

UN SI LONG CHEMIN

Retourner dans le passé

Retourner dans le passé a quelque chose d'étouffant.

C'est se replonger dans des émotions liées à un monde qui a changé. Je ne suis plus celle que j'étais, j'ai évolué, je me suis allégée de tant de liens, tournée vers la lumière, la liberté de penser autrement, la tolérance.

J'ai essayé autant que possible de devenir celle que je rêvais d'être.

Retourner dans le passé, c'est me reconnecter avec des vibrations qui ne sont plus les miennes, qui appartiennent à une autre. Me glisser dans ma peau et mes pensées d'avant, me souvenir de ces moments douloureux est une épreuve, mais je le fais une dernière fois pour éclairer le passé et le laisser aller pour toujours.

Je le fais pour Prunelle, pour toute la famille, pour moi aussi, pour notre maison familiale, pour apaiser et soigner ces creux de tristesse accrochés à nos mémoires.

Certains matins, j'ai envie de rester dans ma lumière, mais je sais qu'il me faut repartir sur nos traces, que tout n'est pas résolu. J'ai parfois l'impression de tourner en rond à l'intérieur d'une planète immergée dans un monde oublié.

C'est un peu ça le passé.

On peut l'explorer, modifier notre relation avec lui en l'acceptant, en sortant de l'émotionnel, mais on reste toujours face à l'impossibilité de le changer, devant l'inutilité de le regretter.

On ne peut pas le changer, mais on peut l'éclairer.

Alors il se purifie.

Mettre des mots sur la mort

Depuis toujours, c'est pour moi une chose difficile, pour ne pas dire douloureuse : mettre en mots la disparition d'Adrien.

J'ai parlé souvent de départ, plutôt que de mort.

Il m'a fallu très longtemps pour pouvoir prononcer ce mot associé à Adrien.

« Adrien est mort »

Une phrase impossible à dire, en fait je n'avais pas les mots.

Aucun ne me paraissait juste.

Mort. Ce simple mot contient une telle notion de séparation absolue et de douleur sans espoir que l'associer avec la disparition d'Adrien était une façon de le jeter dans l'inconnu, à la merci de forces inquiétantes.

Les mots sont difficiles quand il s'agit de la mort. Mort. Décédé. Parti. Disparu. Enlevé. Quitté. Éteint. Trépassé. Avec leur poids définitif de douleur.

J'aurais aimé qu'ils soient autres, renaissance, passage, ascension, retour à la lumière et je ne sais quoi d'ailleurs puisque cela n'aurait rien changé au fait qu'Adrien n'est plus dans notre dimension.

C'est au moment où je dois en parler que je me perds, je cherche le mot juste sans le trouver. Adrien est mort. Il est parti. Il a disparu. Il n'est plus là. Ou le terrifiant : il s'est noyé.

Comment dire l'indicible ?

Peut-on approcher le mystère de la mort par le verbe ?

Je n'ai toujours pas la réponse.

Je sais seulement qu'Adrien est passé ailleurs, un ailleurs d'où il me parle. Un ailleurs lumineux.

Certaines questions sont compliquées à affronter. Parfois on me demande : Tu as des enfants ? Combien ? J'hésite, j'ai du mal à répondre, j'ai deux enfants mais alors Adrien, je le renie ? J'ai trois enfants, mais mon fils Adrien n'est plus là ; difficile, je n'ai pas envie de raconter ma vie. J'ai trois enfants, et je fais comme s'ils étaient tous les trois vivants. Prunelle, Adrien, Alexandre.

Et que font-ils ? aïe, parler sans parler. Trop difficile, éluder.

Adrien n'est plus là. Mon fils s'est noyé… mais c'est toute une histoire que je raconte alors avec cette simple petite phrase, je deviens la mère qui a perdu son enfant, qui a vécu cette douleur impossible, on me regarde autrement. Longtemps j'ai esquivé les questions car je considérais que cela ne regardait que moi, les miens, et mes amis proches. Maintenant que je dois faire la lumière, et accepter la réalité, c'est un processus que je dois dépasser.

Mon fils, mon enfant, mon petit garçon de quatre ans et demi, s'est noyé. Ne me regardez pas avec compassion et effroi, il ne m'a pas vraiment quittée pour autant, il me parle, il m'envoie des messages et je sais qu'il existe dans une autre dimension. Lumineuse.

Il est retourné d'où il venait, d'où nous venons et où nous retournerons.

Il n'a fait que passer quelques années sur terre.

AU-DELÀ DES RELIGIONS

J'ai eu la grâce de grandir dans un environnement propice à l'imagination et aux rêves, entre l'île de mon enfance, le Berry et les Vosges. Parmi les nombreux originaux de ma famille, ma grand-mère tirait les cartes et me racontait ses rencontres avec le surnaturel, mon grand-père médecin ne quittait pas son pendule, un de mes oncles, polytechnicien, photographiait dans sa cave ce que l'on appelle les effets Kirlian, les auras des plantes, des pierres et des êtres vivants. Un autre de mes oncles était sourcier, et quand on retrouvait les cochons de la ferme sur le toit de sa grange, tout le monde savait qu'on lui avait jeté un sort. Il fallait une grue pour les redescendre. Le follet de la Chassignolle hantait avec malice une maison de famille dans le Berry… En somme, rien n'était plus naturel que le surnaturel, et dans ma tête la science et la magie se rejoignaient.

Mes parents, quant à eux, ne montraient aucune sensibilité dans ce domaine. Très pratiquants, catholiques traditionnalistes, ils n'ont jamais toléré que les messes en latin, et les rites anciens.

Ma mère menait son petit monde à la baguette, enfin elle essayait, avec l'énergie de la certitude, de nous entraîner sur ses traces. Sa méthode devait pécher quelque part car, de ses cinq enfants, aucun n'est entré dans son rêve. Nous sommes des dissidents dans l'âme...

La messe manu militari, une obligation qui me paraissait peu convenir à des disciples du Christ. Parfois la colère, les cris quand nous résistions à l'appel de l'Église, en somme ma mère, c'était un peu l'enfer pavé de bonnes intentions.

Hop, hop, hop et pas de discussion.

Où était l'amour dans tout ça ?

Comme si la foi devait s'imprimer en nous à coups de marteau, ou de fouet, une sorte de dressage où nous n'avions pas le droit d'avoir notre opinion. C'était comme ça, il n'y avait pas à discuter

En somme, ma mère perpétuait ce qu'elle avait subi, la mise en matrice de l'esprit, la culpabilisation permanente, le refus de laisser les êtres penser par eux-mêmes, la volonté d'écraser l'âme, pour son plus grand bien évidemment.

Nous avons choisi d'être nous-mêmes, nous ses enfants réfractaires et irrévérents, chacun à sa façon.

Il y avait aussi des côtés folklo, amusants, à ses obsessions religieuses. Un jour une Vierge itinérante a fait irruption dans la cour de notre maison familiale de Bourgogne. Entourée d'étoiles, enveloppée d'un grand manteau bleu, Marie nous dévisageait sagement derrière la vitrine d'une fourgonnette spécialement aménagée pour ses périples rédempteurs. De sa main levée, elle nous donna sa bénédiction avec un doux sourire avant de repartir vers une destination improbable. Assez poétique, totalement farfelu, on a bien aimé.

Je me souviens également de processions dans le parc, où le curé, portant une croix et suivi d'une petite foule piétinante, avançait le long des tilleuls dans un but qui m'échappait totalement. Je les regardais, je m'en souviens, d'une fenêtre de la maison, n'imaginant pas un instant me mêler à cette cérémonie digne de Kusturica…

Nous avons aussi de beaux souvenirs, la messe de minuit dans l'Allier, où nous allions enfants jusqu'à l'église du village, marchant dans la neige et la glace, avec les étoiles comme seules lumières, en chantant des chants de Noël, des moments magiques…

Dès l'adolescence, j'ai fait dissidence, n'accordant mon adhésion spirituelle qu'aux paroles du Christ, et contestant une Église fabriquée par des hommes pour leur propre pouvoir temporel, l'Église et ses chemins détournés, ses fastes, ses prédations, son intolérance. Ce qui n'exclut pas des êtres dévoués, des prêtres magnifiques parce qu'ils ont compris le seul secret, l'amour inconditionnel.

Logiquement, quand Adrien s'est noyé, je n'ai pas imaginé trouver la moindre consolation du côté des institutions religieuses…

Il me fallait comprendre ce qui se passait entre Adrien et moi, cette extraordinaire communication entre nos âmes…

Alors, sans personne à qui parler, je me suis tournée vers mes compagnons de toujours, les livres, pour y chercher un écho à mes pensées, une résonance avec ces signes et ces sourires qu'Adrien m'envoyait de l'autre côté de la mort.

Et j'ai découvert des histoires similaires à la mienne, des échanges extraordinaires, des messages que nul ne pouvait remettre en cause.

Un autre regard sur la nature humaine et sur sa destinée.

RÊVES ÉVEILLÉS

Dans cette quête sans fin et sans limites, tout me semblait lié à la mort d'Adrien. Dès que j'ouvrais un journal, les articles qui me sautaient aux yeux parlaient de noyades. Il y en avait tant, me semblait-il, partout, sans cesse. Comme si sa mort résonnait avec une multitude de drames liés à l'eau.

Je trouvais sans cesse des signes, des concordances, des échos.

Je pleurais seule dans ma voiture. Le reste du temps, je suivais des fils d'Ariane susceptibles d'éclairer l'énigme de la vie et de la mort de mon enfant.

C'est ainsi que je me suis retrouvée quatre fois dans un endroit perdu à l'autre bout de Paris, un immeuble qui ne ressemblait à rien. Je montais les quatre étages en les comptant bien pour ne pas me tromper.

La première fois, je ne savais pas très bien à quoi m'attendre, la rencontre avec une thérapeuthe du « rêve éveillé » qui m'aiderait peut-être à avancer, à conjurer mon incrédulité devant la mort d'Adrien. Qui rendrait plus légère la souffrance de son absence.

Anne. Elle m'ouvrait la porte, je m'allongeais en silence. C'était sa voix qui m'emmenait ensuite, elle semblait venir de si loin. Elle m'emmenait en voyage. Elle me disait : « Fermez les yeux, visualisez votre corps et racontez-moi… »

J'étais là pour expérimenter.

À chaque séance, je suis partie en voyage à l'intérieur de mon corps et, dans ces rêves éveillés, des visions symboliques sont apparues. Je naviguais dans l'immensité d'un univers intérieur, subjuguée par la puissance des archétypes et leur souffle d'éternité.

Le premier voyage

La première fois, le voyage commence dans la douleur, le cri de l'absence. Je vois mon corps partagé en deux. À gauche l'Ombre, l'eau dormante d'un marais, dans un paysage calciné, ravagé, les arbres noirs d'hiver, la lumière bleutée. Le marais sombre d'où jaillissent les troncs dénudés – rien ne bouge –, pas un souffle. Tout semble éternellement figé. Je reconnais un de mes pays intérieurs, c'est celui que je peignais déjà autrefois, au temps où la douleur n'était encore qu'intuition.

Le marais. L'eau. Et flottant entre deux eaux le corps d'un enfant endormi – non, abandonné. Un corps abandonné par l'esprit lumineux mais qui garde encore son empreinte – il est seul –, pauvre petite écorce terrestre.

C'est lui, Adrien, muet de détresse et de solitude, et c'est trop tard, je ne peux plus le réchauffer

C'est mon enfant mort.

Et je ne peux rien faire.

À droite, une vive clarté m'attire.

De l'autre côté de mon âme brille la certitude de la lumière de son départ vers ailleurs, dans une sphère de divinité et de bonheur. Pourtant la compassion pour sa petite dépouille charnelle me bouleverse et me déchire.

Le deuxième voyage

Je descends dans mon corps.

À gauche, à l'endroit de la rate, je vois une pierre noire… Que fait cette pierre dans mon corps ? En m'approchant, je distingue en transparence un fœtus pétrifié. Sans doute là depuis longtemps.

À droite se déploie un arbre immense, vert, un chêne, près d'une maison très haute sans portes.

Au milieu de mon ventre, une montagne jaillit de la mer. Je la regarde. Elle se rapproche vertigineusement et je me retrouve sur ses flancs escarpés, assise dans un haut fauteuil de pierre face à la mer, entouré d'une végétation luxuriante. Je suis vieille, vieille comme l'infini des temps, et je contemple le monde entier à mes pieds, momie presque desséchée, mes mains-griffes posées sur les accoudoirs.

J'ai traversé tous les temps et l'éternité.

Soudain quelque chose en moi se met à palpiter, une vie nouvelle bouge et respire, un être nouveau grandit.

Le troisième voyage

Retour à l'enfance, à l'île, à la solitude magique.

Le petit bois de goyaviers, la clairière qui s'ouvre, j'y arrive – l'arbre est à droite, la maison en ruine à gauche.

C'est l'arbre qui donne le fruit si rare que jamais je n'ai retrouvé mais dont je garde le goût et la texture chaque fois que je l'évoque.

Là, il s'est passé quelque chose que ma mémoire a enfermé.

La clef : manger le fruit et de sa saveur ressurgira la connaissance.

Je suis à l'orée de la clairière,

Petite fille pénétrée d'un sentiment de divin.

Je ne vais jamais plus loin que l'arbre. Debout, j'attends je ne sais quoi.

Je n'existe plus, je ne suis plus que le réceptacle d'une énergie divine qui coule à travers moi.

Je sens une présence derrière moi, je me retourne doucement vers la gauche.

Manitou est là, une figure totémique très puissante et très ancienne…

Un Allié.

Le quatrième voyage

Mon ventre est une mer. De la mer jaillit une tour de Babel.

Je sais que je ne dois pas monter, mais descendre.

Je descends sous l'eau. L'escalier tourne à l'envers comme pour remonter dans le temps ou revenir aux origines.

Et j'arrive dans un pays divisé en deux : à gauche, la face lunaire bleutée, le paysage brûlé de mon premier voyage, les arbres noirs.

À droite, un immense paysage vert sous le soleil, vallonné – je le regarde, il s'éloigne et je me retrouve allongée dans l'herbe au soleil – un arbre sur la colline –, le soleil me chauffe très fort et mon côté bleu à gauche s'amenuise et fond comme de la glace – seule existe la partie droite de mon corps que chauffe le soleil.

Pour la première fois je sens mon ventre. C'est là, à la jonction des deux pays, que surgit la tour de Babel…

Voyages dans le secret de l'être, dans les mystères de la psyché, au cœur des questions, voyages imaginaires ou rêvés. Où suis-je allée pendant ces quatre voyages ? Que m'ont-ils appris ?

Qu'en nous coexistent ombres et lumière, que notre choix est de fixer notre esprit sur l'un ou l'autre, mais que la lumière peut faire disparaître la glace, que l'avenir – j'ai toujours visualisé le passé à gauche et le futur à droite – est conditionné par notre façon de vivre le présent.

Je crois qu'il s'agit de regarder les ombres, les douleurs, de les reconnaître et de les accepter, pour être enfin libre de se diriger vers le soleil d'une nouvelle vie.

Il arrive qu'on ait l'impression d'avoir emprunté le mauvais chemin, mais n'était-ce pas simplement la nécessité de parcourir sa vie, quelles qu'en soient les épreuves, dont l'une des plus terribles n'est autre que la sensation d'avoir perdu le lien avec l'intangible, la part enchantée du monde, de ne plus entendre son langage sacré. Ces mouvements intérieurs qui se déploient comme des cycles, grandir puis diminuer, comprendre puis oublier, rêver puis vivre, puis peut-être enfin recommencer à grandir, à comprendre, à rêver mais déjà d'une autre manière que dans le cycle précédent. Avec d'autres connaissances, d'autres pertes, une conscience différente de soi, et des autres, du monde extraordinaire dans lequel nous jouons un rôle qui nous dépasse.

L'ASTROLOGUE

Puisque je dois me réconcilier avec mon passé, mes plusieurs vies en une seule, mes mémoires oubliées, puisqu'il faut que je retourne en arrière, je me souviens de cette consultation avec une astrologue, deux ans après le départ d'Adrien.

Une amie russe m'a parlé de cette astrologue, de ses visions et intuitions étonnantes. J'y vais sans très bien savoir pourquoi, sans doute dans l'attente informulée de quelque révélation. J'arrive dans cette petite maison de banlieue, elle m'accueille chaleureusement et, à peine me suis-je assise, me demande : « Vous voulez que je vous parle de votre avenir, ou de vos vies antérieures ? »

Je ne réfléchis pas, la réponse fuse : mes vies antérieures…

Elle se concentre, ferme les yeux et reprend la parole avec une nuance d'étonnement : « Je ne peux accéder qu'à un certain nombre de vos vies antérieures, les autres me sont fermées. Je n'ai accès qu'à celles qui sont liées à des traumatismes profonds concernant les enfants. Les enfants sont la clef et le nœud d'un cycle d'incarnations.

Vous devez résoudre dans cette vie la chaîne traumatique qui vous hante sans que vous le sachiez. »

Les enfants. Une chaîne traumatique. Adrien.

Bien sûr, j'imagine que c'est la raison pour laquelle j'ai été guidée ici, pour comprendre quelque chose qui a trait à la mort d'Adrien.

Alors elle m'a déroulé toute une suite de vies, mes vies antérieures, déchirées par la perte, l'abandon, la mort d'enfants. Cette femme gauloise si attachée à son fils, qui lui a été retiré le jour de ses sept ans pour vivre la vie dangereuse des guerriers, et qui a péri dans la première bataille. Celle qui travaillait dans une imprimerie à la fin du Moyen Âge et qui a vu son enfant écrasé par une presse. Cette autre femme en Allemagne au siècle dernier, venue d'un milieu humble et mariée à un homme de l'aristocratie. Lorsque cet homme est mort accidentellement, sa puissante belle-famille lui a volé ses enfants pour les élever dans leur caste.

Elle me déroule ainsi des fils de vie dont le point commun est la douleur de la perte d'un enfant. Au cours du temps, les douleurs se sont superposées, accumulées, pour devenir un véritable nœud noir. C'est ici et maintenant, dans cette vie, que je dois dénouer ce nœud mortifère.

La mort d'Adrien crédibilise tout ce que l'astrologue me raconte, je l'écoute donc attentivement, et j'accepte cette mission sans savoir où elle va m'entraîner. Ni le temps qu'elle prendra. J'ai tout de suite su que ce serait long et difficile, mais je n'imaginais pas un instant le passage vertigineux de toutes ces années pour en arriver à aujourd'hui.

À ce que je pressens comme le terme, enfin, de ces recherches infinies dont le centre magnétique est la mort d'Adrien.

Dois-je considérer que son départ si jeune n'a été que l'ultime maillon d'une chaîne traumatique qui traverse le temps ? Qu'elle ferait partie d'un vaste canevas reliant les époques et les vies ? et qu'elle serait liée d'une manière ou d'une autre à des vies passées ?

Ce qui m'amène à une notion difficile à concevoir, et dont il est hasardeux de parler, tant elle s'éloigne de notre logique ordinaire. Elle trouve sa source dans les traditions mystiques. Einstein l'a exprimé à travers sa théorie de la relativité, et la physique quantique en a fait un principe de base. C'est une autre notion du temps qui transcende notre mode linéaire de penser.

Si le temps et l'espace n'existent pas tels que nous les concevons, toutes les autres moi-même, celles que j'ai été dans d'autres vies, mes extensions, vivent simultanément ces situations dramatiques.

Nous sommes reliées, au-delà du temps et de l'espace.

Ce que je peux résoudre pour moi je le résoudrai pour elles aussi…

Et ce sera une chaîne de lumière.

VI

LES SOUVENIRS DÉVOILÉS

Le silence et les ombres

Il y a eu le choc du drame sur la famille entière, puis le silence s'est installé au long du temps. J'avance enfin dans un dévoilement qui va soigner l'onde de choc du traumatisme sur chacun, en faisant la lumière, en mettant en mots ce qui était resté ressenti dans la tristesse, la colère ou la culpabilité.

La mort d'Adrien, devenue taboue parce que trop lourde à accepter, a suscité les ombres qui hantent notre maison familiale.

Ce long moment de silence, je n'en ai pris conscience que deux décennies plus tard…

2004 – En juin cela fera vingt ans qu'Adrien est parti, c'est vertigineux et improbable. C'était à la fois hier et dans une époque lointaine. Qu'ai-je fait de toutes ces années ? Et si j'avais dormi pendant ces vingt ans, depuis qu'il est parti ? Ai-je été totalement vivante depuis ? Je ne sais pas, je ne sais plus… Je me souviens de si peu de chose de la vie avec Adrien, et je m'en sens coupable. J'aurais dû tout enregistrer pour pouvoir m'en repasser le film, le faire revivre, mais il faisait tellement partie de moi que je le ressentais plus que je ne le voyais…

J'ai longtemps eu peur de l'oublier, de ne plus me souvenir de son visage. Les pensées autour de lui mobilisaient toutes mes forces psychiques, ou presque…

Quand je me projette vers lui, je le revois avec sa part de mystère, d'inaccessible, cette ombre rêveuse sur son visage dans l'allée de tilleuls, cette gravité – comme s'il possédait – lui seul – les clés d'un secret auquel je n'avais pas accès alors. La clé d'un monde différent qu'il m'a appris à percevoir, de message en rêves et en signes.

C'est pourquoi longtemps j'ai eu la sensation d'avancer dans un monde parallèle à celui des autres, accompagnée d'Adrien, de Prunelle, de mes questions et de mes rêves de le retrouver, tandis que la vie s'écoulait si semblable dans le monde extérieur.

Sur une vieille photo noir et blanc prise à Méribel, Adrien me sourit, lumineux. Je l'aime. Vingt ans après, je réalise avec tristesse que depuis sa mort plus personne dans ma famille ne l'a évoqué, sauf ma mère, et ma sœur. En tête à tête. Comme si un voile était tombé sur lui, un voile de silence sur ce que l'on a envie d'oublier.

Je pensais alors qu'on n'osait pas prononcer son nom de peur de réactiver en moi la déchirure de son absence. Comme s'ils n'avaient pas pu imaginer que je la portais en moi en permanence, et que quelques larmes n'y changeraient rien.

Je découvrirai au cours de mon retour dans le passé que ce n'était pas la seule raison.

Chacun avait vécu intimement le choc du dép
d'Adrien.

Un enfant qui meurt là, brutalement, au milieu d'eux.

Un enfant mort parmi les vivants.

Une sorte de responsabilité collective impossible à assumer.

Cela, je le comprendrai en parlant avec eux. Je n'avais pas avant la moindre idée des implications de chacun dans ce drame, de la façon intime dont il avait été vécu, accepté ou renié. Chacun d'entre eux a vécu ce moment comme un rapport intime avec la mort. Cette mort qui brusquement s'est invitée dans la famille, alors qu'on la concevait comme une échéance lointaine que seul l'âge pouvait justifier.

La lettre

Ce silence familial me faisait mal, il me fallait conjurer la sensation qu'Adrien avait disparu de toutes les mémoires. Le faire revivre. Que chacun se souvienne de ces années qu'il a traversées avec nous.

J'ai écrit une lettre que j'ai envoyée à mes parents, mes frères et sœurs, mes neveux, à Prunelle aussi.

Juin 2004

Il y a vingt ans, Adrien nous a quittés, il est passé par l'eau pour s'en aller, comme une flèche de lumière. Il a choisi de partir dans la douceur de ce début d'été, au milieu de vous tous. Il a attendu que je ne sois pas là, car le lien qui existait entre nous était si fort que je le retenais sans le savoir.

Savait-il qu'il allait partir quand il m'a demandé, c'est la dernière phrase qu'il m'a dite : « Dis, maman, tu crois que j'aurai un jour cinq ans ? » Et je le savais aussi, au plus profond de mon cœur, quand je lui ai répondu : « Mais oui, mon petit amour… »

… Je ne l'ai jamais revu vivant dans ce monde, je ne l'ai plus jamais serré dans mes bras. Une partie de moi

espérait toujours que ce ne soit qu'un de ces terribles rêves dont on se réveille en se disant : ouf, merci mon Dieu, ce n'était qu'un rêve…

Mais il est revenu me consoler, et de la plus grande douleur a surgi la plus grande grâce, car pendant toutes ces années il nous a entourées de son amour, Prunelle et moi, il a veillé sur nous, nous a parlé, répondu. Il s'est amusé à faire tourner à l'envers l'horloge de la cuisine pendant trois jours, comme pour nous dire : ne soyez pas tristes, je ne suis venu sur terre qu'en passant, mais je reste proche de vous pour toujours, seul mon corps physique a disparu, et le lien entre nous sera toujours aussi lumineux…

Il a été là aussi pour protéger tous les enfants de la famille, il a veillé sur eux, sur vous.

Pendant ces vingt ans, le silence a entouré sa courte existence.

J'imagine que vous craigniez de me faire de la peine en l'évoquant. C'est ce silence qui a été douloureux.

Adrien a existé, il vous a aimés et vous l'avez aimé. J'aurais souhaité que son nom soit évoqué aussi naturellement que ceux de tous nos enfants encore avec nous.

Vingt ans ont passé. Pour moi c'était hier.

Adrien est toujours vivant, ailleurs, et il vous sourit.

Offrez-lui une pensée heureuse, un instant de bonheur, de joie.

Et n'hésitez pas à lui parler, il vous entend, et à le nommer, il existe toujours…

Je m'adresse à chacun d'entre vous avec une intention particulière, pour vous dire « de sa part » qu'il a veillé sur chacun d'entre vous et vous a protégés.

De là-haut il vous envoie Amour et Lumière.

Personne n'a répondu, personne n'en a dit un mot, sauf ma mère, qui a évoqué à nouveau avec émotion la si belle dernière semaine en Bourgogne avec Adrien et Prunelle.

Le silence a continué d'entourer Adrien. Je n'avais pas compris que sa mort avait laissé son empreinte au cœur de chacun, et qu'en parler l'aurait réveillée. Nul n'avait envie de revivre ce qui avait été ressenti comme un drame absolu.

La mort d'Adrien, et par conséquent son existence même, était devenue un secret de famille.

La parole libérée

Pour mes seize ans, mes parents m'ont donné un secrétaire ancien, muni de quelques tiroirs secrets, posé dans la chambre bleue de la grande maison, ma chambre au moment où Adrien est parti. Pendant ces jours où je vivais en somnambule son impossible absence.

Quelques années après la lettre à ma famille, j'ai ouvert en passant les tiroirs de ce secrétaire, machinalement ; et j'ai découvert des liasses de télégrammes bleus, que j'ai relus avec étonnement. Les télégrammes pour la disparition d'Adrien, reçus à la campagne. Le facteur a fait bien des va-et-vient ce jour-là…

Mais qui sont-ils, ceux qui m'ont envoyé ces télégrammes de condoléances ? Certains me semblent surgis d'un passé très lointain, ils ne prennent pas forme dans mon esprit, ils se sont effacés avec le temps.

À distance pourtant je suis émue qu'ils aient pensé à moi, je n'ai jamais revu certains d'entre eux. Leurs pensées affectueuses me touchent, c'est seulement maintenant que je peux en mesurer la portée, j'ai envie de les remercier à travers le temps, à retardement.

Je me souviens d'une amie de mon frère, Madeleine, la seule qui m'ait exprimé sa vision lumineuse d'Adrien, qu'elle voyait comme un petit poète rêveur, de passage sur notre planète… Elle m'en a parlé d'une façon si douce, si pénétrante, qu'elle s'est révélée un souffle de consolation, une lumière sur lui…

Et puis je découvre un papier de la mairie, la déclaration du décès d'Adrien. C'est mon frère aîné qui a fait cette démarche, éprouvante j'imagine. Nous n'en avons jamais parlé. Nous n'avons jamais parlé de rien.

Un jour, enfin, je soulève la chape de silence. Je lui demande, comme incidemment : « C'est toi qui es allé à la mairie déclarer le décès d'Adrien, tu te souviens ? »

Je n'imaginais pas qu'il ait pu oublier, mais si.

« Ah bon, me répond-il l'air vague, aucun souvenir. »

Je découvrirai ensuite que ce n'était pas ce moment-là qui s'était inscrit dans sa mémoire, et pour cause. C'est lui, me raconta-t-il ensuite, qui a pris Adrien dans ses bras pour le sortir de l'eau et le poser sur le rebord de pierre sous les tilleuls.

C'est lui qui a tenté de le ranimer ensuite en attendant les pompiers.

Moi qui n'étais pas là quand c'est arrivé, moi dont la mémoire est si fragmentée, si fragile, il me faut comprendre enfin. Éclairer cette journée. En chasser les ombres.

Alors j'ai pensé qu'il me fallait interroger un à un tous ceux qui étaient présents ce jour-là… Mes parents, mes deux sœurs, mes deux frères, le père d'Adrien…

Si longtemps après, comment leur parler, comment leur demander de se souvenir et de répondre à mes questions ? J'imaginais déjà leur regard navré, la gêne qu'ils pourraient éprouver à revenir sur ce drame pour eux maintenant lointain. Et peut-être la peur de me voir souffrir en le faisant ressurgir.

« Tu es sûre que c'est une bonne chose de revenir sur le passé ? », me dira mon frère aîné.

« Oui, j'ai besoin de faire la lumière sur ce jour dont personne ne m'a parlé, à part maman. »

Il me faut les réponses aux questions que je n'ai pas posées sur le jour où Adrien s'est noyé. Je comprendrais peut-être comment sa mort est devenue un secret, un événement dont on ne peut pas parler, pourquoi son existence même a été occultée dans la constellation familiale.

Un peu comme s'il n'avait jamais existé.

S'il n'y avait pas sa photo sur la commode du salon, où il marche dans l'allée des tilleuls, un léger sourire sur le visage, il aurait totalement disparu.

J'ai besoin de savoir comment ils ont vécu cette journée, cette disparition, ce choc, la place que chacun occupait, leurs gestes et leurs pensées.

Et tout s'est passé naturellement. Autant le silence avait été lourd et persistant, autant lorsque la parole s'est libérée, elle a jailli avec clarté et soulagement.

Chacun m'a raconté à sa façon ce jour où Adrien est parti. Les visions sont loin d'être convergentes, comme s'ils s'étaient parfois recréé une histoire qui leur convienne. Jusque dans des détails si concrets qu'ils n'auraient pas dû laisser de place au doute. Et pourtant.

L'ENFER DE MA MÈRE

J'ai commencé par ma mère.

Notre puissante mère a vieilli, elle est là dans son fauteuil, tout usée, son énergie légendaire envolée. Le temps l'a adoucie mais ne lui a pas enlevé la mémoire.

Je lui demande de se souvenir de ce qu'elle a vécu ce jour-là, comment se sont déroulées les heures autour de la mort d'Adrien.

Avec une colère toujours vive, elle me parle de ceux qui étaient dehors avec les enfants. Ceux qui n'ont rien vu. Qui ont laissé le drame survenir.

Dans ses souvenirs, il y avait un monde fou, toute la famille était réunie dans un grand désordre, les uns discutaient ou lisaient allongés sur les transats, les enfants jouaient tout autour. Prunelle, aidée d'une des jeunes filles chargées de s'occuper des enfants, fabriquait des paniers avec des joncs, comme nous le faisions dans les Vosges de notre enfance.

Ma mère était dans sa chambre, au premier étage de la grande maison, et de temps en temps elle jetait un regard dehors. Elle a commencé à s'alarmer quand elle a réalisé au bout d'un moment qu'elle ne voyait plus Adrien. Elle s'est penchée à la fenêtre pour demander : « Où est Adrien ? » et les recherches ont commencé... jusqu'à ce qu'on le retrouve dans les duvalettes...

... Quand on a compris que tous les efforts pour le ranimer étaient vains, c'est elle qui l'a pris tendrement dans ses bras pour le porter dans la maison. Elle l'a baigné, lavé avec douceur avant de l'habiller et de le déposer sur le lit de mon père. Elle me raconte, encore émue, combien sa peau était douce, avec l'ombre du sommeil sur son visage paisible, et juste une petite marque sur le front. Je m'en souviens de cette marque, qu'il a dû se faire quand il est tombé, sur le rebord de pierre des duvalettes.

Ma mère m'a dit : « Prunelle et Adrien ont passé, avec moi, leurs dix derniers jours ensemble. Comme des jumeaux, heureux, complices, ils ne se sont pas quittés un instant... C'était merveilleux de les regarder vivre... Adrien était extraordinaire. » Elle répète cette phrase plusieurs fois, avec une sorte de ferveur, les yeux mouillés.

Elle a conscience d'avoir vécu un moment de grâce.

Ensuite, après l'enterrement, pendant le reste de l'été, chaque nuit dans sa chambre, elle a crié et pleuré l'impossible disparition d'Adrien.

J'ai découvert aujourd'hui que, dans sa souffrance, elle avait recréé cette journée, y invitant tous mes frères et sœurs, mon père, que l'unique jeune fille était devenue deux, qu'elle avait même imaginé des visiteurs... Elle avait rempli la maison comme si le partage de la culpabilité la rendait plus légère. La vérité est qu'il n'y avait ce jour-là ni mon père ni mes sœurs, contrairement à ce qu'elle m'avait toujours dit.

Dans ses souvenirs, le père d'Adrien parlait, il se racontait. Pris par lui-même et ses histoires, il n'était pas attentif. Pas du tout. Il a commencé à s'inquiéter quand elle a demandé où était Adrien. Mais comment aurait-il pu imaginer ?

T. inattentif et plein de lui-même, avec un joyeux désordre régnant sur une assemblée nombreuse. Un premier coupable.

L'autre coupable était la jeune fille censée s'occuper des enfants, et qui a vu Adrien au bord des duvalettes sans y prêter attention. Ma mère me dit avec violence qu'elle l'a renvoyée le soir même dans sa famille. Elle affirme même qu'elle aurait déjà été mêlée à un autre drame assez semblable, ce qui m'apparaît comme une pure fiction. Au fond de moi, je ne ressens que de la compassion pour cette innocente victime collatérale, cette jeune fille qui restera marquée à jamais du sceau de la culpabilité.

On m'a souvent dit : « Mais tu as dû être en colère, détester ceux qui étaient là et qui ont laissé par inattention ton fils se noyer… »

Jamais, jamais je n'ai même imaginé un instant en vouloir à qui que ce soit.

La vision de ma mère, sa reconstitution faussée de cette journée fatidique, est une vision de désespoir.

C'est à elle que j'avais confié Prunelle et Adrien. Même si leur père était arrivé le matin même, elle s'en sentait responsable.

Cette culpabilité en elle, comme une morsure, elle n'avait pas la force de l'accepter. Elle n'a jamais pu la regarder en face. Aussi a-t-elle cherché, inconsciemment, une explication rationnelle, une inattention, un manque, des coupables qui l'innocentent, elle.

La jeune fille. Le père d'Adrien. Le désordre général.

Frappée de plein fouet, ma mère a projeté sur les autres, sur les circonstances, la colère qu'elle ressentait contre elle-même. Elle a réagi avec les vieux réflexes dans lesquels nous avons été enfermés.

Et une partie d'elle est entrée en enfer. En rage.

Encore aujourd'hui quand nous en parlons, sa colère est présente.

Ce n'est pas comme cela que ça marche.

Il n'y a pas de coupable. Ni elle, ni personne.

Adrien nous a quittés selon son destin.

Rien n'aurait pu le changer.

Il me l'a dit lui-même quand il est venu me voir en rêve, pour dissiper tous les doutes que j'aurais encore pu avoir.

Personne n'est coupable.

Le moment était venu. Il fallait qu'il parte.

MES FRÈRES ET SŒURS

J'ai deux sœurs, ma sœur J. et ma petite sœur Lo.

Deux frères, mon frère aîné H. et mon plus jeune frère.

Ceux qui ont joué un véritable rôle dans ce récit sont ma sœur J. et mon frère aîné.

Pendant toutes ces années, j'ai cru ce que m'avait dit ma mère, que tous étaient là quand c'est arrivé. Aujourd'hui, j'ose enfin leur poser des questions, leur demander comment cela s'est passé. M'aider à faire la lumière.

Et je découvre que ni l'une ni l'autre de mes sœurs n'était présente.

Ma sœur J. préparait à Paris l'oral d'un examen, ma petite sœur Lo était restée sur une péniche avec des amis.

En écoutant J., je découvre ce dont je ne m'étais jamais doutée, qu'elle avait toujours craint les duvalettes, le danger de l'eau au milieu du jardin la terrorisait.

Plusieurs fois, elle avait eu peur pour ses enfants, ses trois garçons, dès qu'elle les perdait de vue. Que de fois s'est-elle précipitée vers l'eau, l'angoisse au cœur. Elle leur avait défendu de s'en approcher seuls. Elle voulait faire entourer les duvalettes d'une clôture, idée que ma mère trouvait ridicule. Or s'opposer à notre mère était hasardeux, une entrée en guerre, il s'agissait de mettre en jeu des forces quasi surnaturelles. La barrière n'a donc pas été posée.

Mais puisque d'une façon ou d'une autre Adrien serait parti, peu importe cette clôture.

Elle n'aurait rien changé.

Ma sœur me rappelle qu'elle et son mari, immédiatement après le drame, ont fait combler les duvalettes et poser des plaques sur les deux puits, malgré l'opposition toujours latente de nos parents.

Puis elle me confie, avec beaucoup de délicatesse et en cherchant ses mots, qu'au décès de mon père il y a cinq ans, lorsque nous avons rangé l'appartement de nos parents, elle a retrouvé une boîte rouge dans lequel notre mère avait déposé des affaires d'Adrien, les jouets et vêtements de ses derniers jours. Elle n'avait pas osé m'en parler à l'époque et l'avait rapportée chez elle, ne sachant qu'en faire.

Elle me dit :

« Tu sais c'est si émouvant de voir ses affaires, ces menus objets. C'est si triste. Que veux-tu que j'en fasse ?

— Apporte-les-moi. J'aimerais les voir, les toucher, même si ça me fait mal, ce sera quelque chose de lui qui a traversé le temps intact. Qui fera peut-être remonter des souvenirs, des réminiscences, des couleurs, des odeurs, des intonations, des rires. »

La boîte rouge. Une incursion dans le passé, tellement lointain parfois. Mais que je n'imaginais pas si poignante, ni si énigmatique. J'ignorais qu'elle me conduirait vers une révélation dont j'avais longuement rêvé.

Une révélation qui a bouleversé ma vie.

Lo, ma petite sœur, me dit qu'elle était restée à Paris sur la péniche d'amis et qu'elle s'est sentie longtemps coupable de ne pas avoir été à la campagne ce jour-là, imaginant qu'elle aurait pu changer le cours des choses, le voir, le sauver.

Bien sûr, comment aurait-elle pu imaginer qu'il s'agissait du destin d'Adrien,

Qu'il ne dépendait pas des uns ou des autres.

Mais de lui seul.

C'est une notion difficile à comprendre, à accepter.

Le destin d'Adrien ne dépendait que de lui,
des accords qu'il avait faits avant sa naissance,
de ses liens avec le monde invisible.

Pendant toutes ces années, je n'ai rien su du rôle que mon frère aîné, H., a joué dans les derniers moments d'Adrien. On m'avait dit que T., le père d'Adrien, l'avait retrouvé dans l'eau. Point. Quand je lui pose la question, mon frère me répond : « C'est bien lui qui a sondé l'eau des duvalettes et retrouvé le corps d'Adrien, mais ensuite c'est moi qui l'ai sorti de l'eau pour le déposer sur le rebord de pierre. »

Il lui a fait la respiration artificielle tout en sachant que c'était illusoire. Adrien était parti depuis longtemps.

Pourtant, animé par une sorte d'espoir dans ce cauchemar éveillé, il a tenté de le ranimer malgré tout, tandis qu'on attendait les pompiers... Qui se sont perdus, ils n'ont pas trouvé le chemin qui mène à la maison. Ils sont arrivés bien plus tard.

Je lui ai demandé ce que je n'avais même pas osé me formuler à moi-même : « On ne le voyait pas... Alors il était au fond de l'eau, pour qu'on ait dû la sonder avec un bâton ? » Une fourche, m'a dit Prunelle, mais l'idée même de la fourche pour chercher le corps d'un enfant a quelque chose de sacrilège. L'idée qu'on aurait pu le blesser...

Il me répond. Adrien reposait au fond de l'eau, l'eau noire de ses peurs d'enfant. Un instant cette idée m'a fait vraiment mal, c'était comme un lien avec toutes nos angoisses prémonitoires. Il avait sombré tout au fond, caché dans l'opacité de l'eau dormante et des plantes aquatiques.

Pendant toutes ces années, j'avais recréé une belle image.

Je l'avais toujours imaginé flottant, rêveur, à la surface...

Mon frère me dit : « C'est quelque chose qu'on ne peut pas oublier, qui marque. »

Et il répète : « C'était un cauchemar. »

Je le comprends aujourd'hui.

Je croyais être la seule dans ma douleur, avec Prunelle.

Je n'avais pas pensé que, pour les autres aussi, la mort d'Adrien ait pu être un tel choc.

Il y a autre chose. Quand j'ai découvert le récit de mon frère aîné, le tableau s'est subtilement obscurci, à l'image des craintes d'Adrien. Je le vois couler au fond de l'eau noire, comme Noar le corbeau dans cette histoire qui le fascinait et me faisait frissonner.

Comme s'il l'avait pressenti.

Sa mort prend une autre réalité, son courage aussi.

Mon plus jeune frère.

Lui non plus n'était pas présent ce jour-là. Il est arrivé le jour de l'enterrement.

Il est allé dans la chambre de mon père pour voir une dernière fois Adrien, il se souvient de lui si paisible et de son ours brun en peluche.

Pris d'une impulsion soudaine, sans savoir très bien pourquoi, il a glissé dans ses vêtements un petit bateau en plastique rouge.

Il s'est parfois interrogé sur la raison de son geste, était-ce un de ces objets symboliques que l'on déposait autrefois dans les tombes pour que le défunt traverse la rivière des morts, l'Achéron, ou encore le Nil, frontière entre la vie et la mort pour les anciens Égyptiens…

Un petit bateau rouge pour naviguer entre les mondes.

Ou était-ce un symbole de son Passage par l'eau pour renaître à la lumière ?

J'ignorais que parmi les objets qui ont entouré Adrien dans sa tombe, il y avait ce présent qui a dû le toucher.

Je suis sûre qu'il l'a aimé, ce petit bateau de plastique rouge, qui par la magie de la transmutation est peut-être devenu un fier vaisseau écarlate voguant sur les flots de mers imaginaires.

Un singulier détachement

Depuis sa disparition, nous n'avons jamais parlé d'Adrien, son père et moi. Jamais nous n'avons seulement évoqué ce qui s'était passé. Son père. Il était là. C'est lui qui l'a retrouvé sous l'eau. Pourtant je n'avais pas imaginé lui poser la moindre question. Cela ne m'était jamais venu à l'esprit. Nous étions alors déjà séparés, mais en mon absence il était venu retrouver ses enfants dans cette maison dont il avait vécu l'effervescence amicale pendant des années. Ensuite nous nous sommes longtemps perdus de vue, avant de nous retrouver récemment autour de Prunelle et de ses enfants. Bien que cela me paraisse très étrange, je sais qu'il doit me parler de ce jour de juin où son fils s'est noyé. Ma demande ne semble pas l'étonner, il se livre volontiers, et son récit est troublant.

Il était arrivé le matin même à la campagne. Avec un collègue de travail allemand et la jeune fille qui devait s'occuper des enfants pendant dix jours.

Lui qui est censé avoir une mémoire parfaite a tout oublié, du déjeuner, puis de l'après-midi. Il faisait chaud, il se souvient juste s'être endormi dans un transat non loin des enfants qui fabriquaient « des choses avec des herbes », selon ses propres mots ; quand il s'est réveillé, Adrien n'était plus là. Il est parti à sa recherche, avec le pressentiment d'une catastrophe.

En passant, son regard a glissé sur les duvalettes couvertes de lentilles d'eau, paisibles. Et il a continué à chercher Adrien partout ailleurs, comme pour retarder le moment fatal de la découverte. Comme si une force surnaturelle l'éloignait jusqu'à ce qu'il soit trop tard.

Il a exploré toutes les pièces de la maison, ma mère ayant suggéré qu'Adrien était peut-être allé dormir, puis le potager, la table de pierre, le labyrinthe, les vergers. Il est allé jusqu'à la ferme d'à côté demander si on ne l'avait pas aperçu.

Alors, seulement, il est retourné vers les duvalettes, a descendu le petit escalier jusqu'à l'eau, et avec un bâton a sondé ses profondeurs… Il l'a trouvé immédiatement. Adrien était là. Il l'a sorti de l'eau et posé dans l'herbe, juste en haut de l'escalier, paisible, couvert de lentilles d'eau, un presque sourire sur le visage.

Son ami est arrivé, a regardé cet enfant endormi dans la mort et a dit : « Il a fait son chemin. »

Quant à lui, son père – il me le confie dans son évidence –, il n'a rien ressenti, aucune émotion, seule la sensation qu'Adrien était parti très haut dans le ciel, volant vers les galaxies. Un peu la même vision que la mienne, si ce n'est que pour moi il s'était transformé en pure lumière, et que son départ était une déchirure absolue.

Il a demandé à la jeune fille d'écarter Prunelle, mais elle voyait tout de loin. Et la première réaction, la première pensée effrayée de cette toute petite fille a été pour moi : « Comment on va le dire à maman ? »

Et c'est là l'étrange, il n'a rien éprouvé, pas la moindre révolte, ni la perte ni la souffrance, seule une immense sérénité, ce qui est malgré tout surprenant pour un père. Sa recherche spirituelle à travers les philosophies orientales et sa pratique de la méditation lui servirent de justification. Il se sentait au-delà de la mort, tout en omettant un paramètre essentiel, c'était « au-delà de la mort de son fils ».

En réalité, et très curieusement, il agissait comme si, dans son inconscient, Adrien n'était pas son fils, malgré cette tache mélanique qu'il avait transmise à Prunelle et à Adrien, comme un sceau posé sur eux. Adrien était son fils, mais il m'avoua, ce jour unique de confidences, qu'il ne l'avait jamais senti comme tel.

Adrien ne lui ressemblait pas, son altérité le maintenait à distance. Aussi ne se reconnaissait-il ni dans son être ni dans son physique. Lui est brun, Adrien blond, comme moi petite fille, et son père voyait en lui un être mystérieux et incompréhensible. Probablement aussi mystérieux et incompréhensible que moi.

Il ne ressentit donc rien, qu'un étrange détachement, attribuant son manque d'émotion à sa compréhension supérieure du monde, et au fait d'avoir déjà vécu la mort de son père. Alors je lui ai posé la question : « Et si ça avait été Prunelle ? » Il a eu un recul, et répondu sincèrement : « Prunelle, ç'aurait été différent... »

Pour lui, Adrien est reparti comme il était venu, à l'improviste. Il est vrai que j'avais découvert, ravie mais surprise, que j'étais enceinte de lui alors que Prunelle n'avait que sept mois, comme si Adrien avait décidé tout seul de nous rejoindre à ce moment-là.

Il est reparti de la même façon, à *son* heure.

T. ajoute qu'il n'y avait plus rien à faire, mais que mon frère, et il en parle avec un véritable étonnement, s'est acharné à essayer de ranimer Adrien, porté par l'énergie du désespoir. Lorsque les pompiers que H. avait appelés sont enfin arrivés, ils ont examiné Adrien avant de dire « mort subite ».

Mort subite, une révélation pour moi, presque un choc !

Comment, mort subite ? Qu'est-ce que cela signifie exactement ? Adrien ne s'est donc pas noyé ? Pourquoi ne me l'a-t-on jamais dit ?

L'incrédulité me submerge un instant.

Il me répond sans se douter de la déflagration que cette révélation a provoquée en moi. Les pompiers leur ont expliqué que certains enfants meurent brusquement, dans leur lit, en courant, dans l'eau, un phénomène que l'on nomme « mort subite ». Ils s'en vont tout simplement. Ce qui explique la douceur et la paix sur le visage d'Adrien, il n'y a pas eu de combat ni de peur, juste le passage d'un état à un autre, de la vie à ailleurs.

Mort subite, alors qu'on m'a toujours laissé penser qu'Adrien s'est noyé. C'est un autre regard sur sa mort. Plus doux.

Alors que tant de fois je l'ai imaginé glissant dans l'eau, sans pouvoir respirer, l'eau qui l'étouffe, qui s'engouffre dans sa gorge…

Merci, merci. La mort subite c'est un peu une délivrance, de la lumière sur l'eau noire qui s'éclaircit comme dans mon rêve. Et personne n'a pensé à me le dire, comme s'il s'agissait d'un détail.

Adrien ne s'est pas noyé, il s'est évadé de notre dimension comme par magie. C'est absurde puisque cela ne change rien au fait qu'il est parti, mais je me sens indiciblement soulagée.

Lorsque mon frère m'a appris qu'on avait retrouvé Adrien au fond de l'eau trouble de ses peurs d'enfant, un frisson d'angoisse m'avait parcourue. Je découvre aujourd'hui que l'eau ne l'a pas pris, c'est lui qui a abandonné son corps. Doucement il est descendu dans les profondeurs tandis que son âme montait dans la lumière.

Cela, je ne le réalise pas tout de suite, il me faudra du temps pour transformer ma vision, de la noyade à la disparition instantanée.

Le père d'Adrien poursuit son récit, il me dit comment avec ma mère ils l'ont tous deux transporté dans la maison, lui ont donné un bain pour le nettoyer des herbes aquatiques. Il était si paisible qu'ils avaient l'impression qu'il dormait. Ils se sont occupés de lui sans un mot, concentrés sur leur tâche, avec la surprenante impression de vivre un moment de grâce.

Puis ils l'ont porté sur le lit de mon père. Ma mère a posé son ours à côté de lui. Alors il a regardé son fils et a éprouvé une sensation d'immensité… « Immensité », c'est son mot : Adrien avait dix mille ans, il était d'une sagesse millénaire, un petit bouddha, voyageant dans le temps et l'espace selon son propre dessein. Une vision extraordinaire. Et qui correspond à ce que j'allais découvrir.

Il ajoute, presque étonné de cette sensibilité incongrue : « Ton frère a vécu cette mort comme un drame atroce, je le voyais décomposé, il a essayé de réanimer Adrien, il était paniqué d'horreur, alors que je me sentais si calme. Pour moi cela devait arriver, je ne ressentais pas la moindre douleur. »

Prunelle et Adrien étaient mes amours inconditionnels, l'un comme l'autre, nous étions reliés de mille façons. La disparition d'Adrien ne pouvait être qu'une déchirure infinie… Sur le moment, je regarde cet homme, son inaptitude à pleurer son fils le rend si étranger. Je ne le juge pas. Je ne lui en veux pas.

Je me souviens aujourd'hui de la réponse de Prunelle, alors qu'un jour je lui demandais : « Mais comment ton père a-t-il vécu la mort d'Adrien ? » Elle a cherché ses mots avant de dire, comme une évidence un peu étrange malgré tout : « Il a trouvé sa mort naturelle. »

J'avoue que, sur le moment, cela m'avait paru insensé. La colère m'avait saisie brièvement, je lui en avais voulu de cette indécente tranquillité, ce manque absolu d'émotion. Comment, il n'avait pas assez aimé son fils, il ne ressentait rien devant son enfant mort ? N'était-ce pas une trahison, une négation de l'existence d'Adrien ?

Mais comment juger les rapports entre les êtres ?

Pour son père, Adrien était d'une autre race, il ne se sentait pas en mesure de le comprendre.

Il avait été perturbé, paraît-il, lorsqu'il avait retrouvé Pierre, le parrain d'Adrien. Celui-ci s'était montré si touché, si en colère de la disparition de cet enfant qu'il aimait, que l'intensité de son émotion avait éveillé dans l'esprit de T. un doute. Cette douleur lui paraissait énigmatique. Alors que tout simplement Pierre avait aimé, vraiment aimé Adrien, et je me souviens combien Adrien était heureux avec lui. Curieusement il y avait entre eux ce lien qui manquait avec son père.

T. pense que Prunelle a été obligée de prendre la culpabilité sur elle, puisque ni lui ni moi ne voyions de coupable nulle part. Puis il ajoute que ma mère a renvoyé le soir même dans sa famille la jeune fille qui était venue s'occuper des enfants, refusant qu'elle soit présente quand j'arriverais. Peut-être imaginait-elle que je lui en aurais voulu, comme elle lui en voulait. Mais je ne suis pas ma mère. Je n'ai jamais pensé à accuser personne.

Il a appris, des années plus tard, au hasard d'une rencontre dont il n'a pas su me dire plus, que cette jeune fille, dont personne ne se rappelle le prénom, a été longtemps traumatisée par la disparition tragique de cet enfant, peut-être aussi par la violence accusatrice de ma mère.

Et je repense à cette jeune fille inconnue, que je n'ai jamais rencontrée. Quand elle a levé les yeux et qu'elle a vu Adrien au bord des duvalettes, la pensée du risque ne l'a pas effleurée. « Il pêche la grenouille. » Elle a détourné le regard, elle est revenue sur les jeux avec Prunelle, la fabrication des paniers en roseaux. On ne lui avait donné aucune consigne, parlé d'aucun danger. Comment aurait-elle pu imaginer ce qui ne nous avait jamais effleurés ?

Nous aimerions, T. et moi, lui dire qu'elle n'a rien à se reprocher. En cela nous sommes d'accord.

Je demande à T. qui était à la campagne ce jour-là, il cherche dans ses souvenirs, comme mon frère l'a fait, avec une expression de flou, d'incertitude : « Presque personne, ta mère, ton frère, mon ami Hartvig, la jeune fille… » Il ne se souvient de personne d'autre, pas même de mon neveu, qui pourtant a été bouleversé au point de ne plus jamais revenir dans la maison familiale.

Et puis, quand je lui parle des nombreux visiteurs évoqués par ma mère, des jeunes femmes avec qui, selon elle, il bavardait avec animation, quelque chose s'éveille en lui, une réminiscence, le souvenir d'avoir pensé, lorsqu'on cherchait Adrien, qu'avec tout ce monde autour de la maison quelqu'un avait bien dû le voir s'échapper…

Mais qui sont ces amis, ces visiteurs, qui se sont effacés de la mémoire de tous ?

Le père d'Adrien, réputé pour sa mémoire sans faille, a donc occulté lui aussi tout ce qui s'est passé avant la recherche et la découverte d'Adrien au fond de l'eau. Il se souvient seulement s'être endormi au soleil dans un transat...

Celui que je pensais le témoin le plus fiable est aussi amnésique que les autres, comme si on avait lancé une poudre d'oubli sur toute la propriété...

Je ne saurai donc jamais avec certitude ce qui s'est passé.

Ma mère a oublié qu'il l'a accompagnée pour baigner le corps d'Adrien et le déposer dans la chambre de mon père, elle a effacé sa présence à partir du moment où on a retrouvé Adrien.

Curieusement, dans ses carnets, mon père lui aussi l'a occulté. Il ne prononce pas une seule fois son nom, il ne le cite même pas parmi les quatre qui portaient le petit cercueil couvert de roses blanches. Je me souviens m'être un jour posé la question : pourquoi cette violence, ce reniement ? Tout en ayant vaguement l'impression de connaître la réponse. Je réalise que mes parents l'ont effacé comme s'il portait la faute impardonnable d'avoir laissé son fils se noyer.

Il y a encore une étrangeté dont on ne connaîtra sans doute jamais la clé. Mon frère m'a dit : « C'est moi qui ai sorti Adrien de l'eau, je l'ai posé moi-même sur le rebord de pierre, avant de lui faire la respiration artificielle. Ce sont des moments que l'on n'oublie pas. »

T., lui, m'affirme qu'il est descendu le prendre dans ses bras pour le sortir de l'eau et le poser dans l'herbe, en haut des marches des duvalettes. Et qu'il a tout de suite su qu'il n'y avait plus rien à faire.

Je regarde ces incohérences sans trouble. Qui ne refait pas le passé, surtout dans un moment dramatique où les repères disparaissent ? Chacun a pu projeter sa légende sur cette journée restée si longtemps dans l'ombre...

Là n'est pas l'essentiel bien sûr, dans ce moment singulier où Adrien est allé à la rencontre de son destin. Je constate simplement avec surprise une myriade d'incertitudes troublantes.

Auraient-ils vécu dans deux lignes de temps parallèles, l'une avec une maison pleine, l'autre avec seulement quatre ou cinq personnes, l'une où mon frère a sorti Adrien de l'eau, l'autre où c'est son père qui l'a déposé dans l'herbe ?

Qui sait ?

La distance de mon père

C'est une photo que j'ai toujours aimée, mon père et Adrien dans leur complicité. Elle est encadrée dans mon bureau, et chaque fois que je la regarde, j'éprouve une sensation fugitive de bonheur : un après-midi d'été sous les tilleuls, mon père assis dans un transat sourit, les deux mains jointes, devant Adrien qui danse en riant, une jambe et les bras en l'air, petit lutin rayonnant avec ses cheveux blonds comme une aura.

Adrien danse pour exprimer sa joie et amuser son Bon-Papa, il y a entre eux une tendresse et une connivence extrêmes.

Cette photo est là, devant mes yeux, aussi fraîche et joyeuse que si c'était hier. La première fois que je l'ai vue, il m'a semblé qu'ils partageaient un secret.

Je le connais désormais. L'au-delà. Tous les deux sont partis ailleurs. Ils sont passés de l'autre côté, ils ont basculé dans l'invisible.

Maintenant ils savent.

Adrien a précédé son grand-père, Ce n'est pas dans l'ordre des choses.

Il a fallu vingt-trois ans pour que celui-ci le rejoigne.

À l'hôpital où mon père a fini ses jours, un rayon de soleil a transpercé le ciel noir, au moment même de sa mort, pour se poser sur lui. Il semblait libéré, paisible. Enfin. Je l'ai senti s'en aller, planer au-dessus de nous, et une présence l'a entraîné au loin. Sur le moment il y avait trop de monde, tout allait trop vite, mais ensuite, en regardant la scène les yeux fermés, j'ai pensé « Adrien ! » et c'était si clair, si évident.

Ils se sont rejoints.

Comme sur la photo.

J'ai pensé d'abord : mon père n'est plus là, et nous n'avons jamais parlé de la disparition d'Adrien. Je me sentais frustrée de ne rien savoir de ce qu'il avait vécu. Je restais persuadée, comme ma mère me l'avait dit, qu'il était en Bourgogne ce jour-là. Et puis je me suis souvenue de ses carnets…

Pendant plus de quarante ans, mon père a tenu un journal quotidien, un bref exposé des faits de la journée, des mouvements de ses enfants et de la famille. Des faits, une chronique dénuée du moindre affect. Une occasion aujourd'hui, puisqu'il n'est plus là pour répondre à mes questions, de mettre la lumière sur ce que chacun a vécu, de pallier les incertitudes des autres témoignages. Qui était vraiment là autour d'Adrien, comment les choses se sont passées selon mon père. J'ouvre donc son journal, celui de l'année 1984, avec mes ultimes questions sur ce jour qui a marqué un tournant dans la vie de notre famille.

C'est le seul témoignage de l'époque, écrit le jour même, dont la vérité n'a pas été remaniée avec le temps.

Je sais que ses chroniques sont précises, sans états d'âme.

C'est bien le cas, sans états d'âme. Il écrit à l'encre rouge. Le samedi 30 juin, je découvre avec surprise que lui non plus ne se trouvait pas à la campagne. Il décrit méticuleusement sa journée, ma petite sœur qui est restée à Paris, un coup de téléphone pour le tennis du dimanche matin, ses courses, des paperasses, et puis à la fin, sur le même ton :

« À 7 ou 8 heures, tél. de Monique (ma mère). La voix changée, Adrien est mort, noyé dans les duvalettes. On le cherchait sans s'inquiéter, puis en s'inquiétant. Finalement les duvalettes ont été sondées et son père a ramené le corps à la surface. Pompiers, ambulance de réanimation sont arrivés trop tard. J'appelle Joséphine qui n'arrive pas à me croire. Elle est saisie de douleur. »

Le lendemain :

« Jamais cela n'aurait dû arriver… Je dis à Monique d'occulter cela. Avec Joséphine concertation sur le moyen de toucher Bérengère qui revient de Grèce, par on ne sait quel vol. Nous attendons en vain devant la petite maison jusqu'à 8 heures… Quand Bérengère nous verra, elle devinera tout de suite un drame. Je lui dis. Sédatif… Nous arrivons à la campagne vers une heure du matin. Adrien repose dans ma chambre, souriant. »

Lundi 2 juillet

« Vent et pluie. Téléphones, démarches, préparatifs... les duvalettes sont vidées et les poissons, dont six grosses carpes, évacués dans l'étang du bas. »

Mardi 3 juillet

« Très beau temps... À 10 h 45, les menuisiers viennent fermer le cercueil. À 11 heures, la cloche de l'église retentit. Henri, Baudouin et moi portons le cercueil drapé de blanc et orné d'un bouquet de roses... Le curé célèbre la messe des Anges intégrale, avec l'Introibo au début et l'Évangile de saint Jean à la fin. La messe finie, nous allons à pied au cimetière, suivant le curé précédé de ses deux enfants de chœur dont l'un porte une croix, nous quatre portant toujours le cercueil... Une collation froide est ensuite servie à Grésigny, c'est le moment où l'on oublie un peu le tragique de la situation pour le plaisir de la réunion familiale. »

Mercredi 11 juillet

« ... Bérengère a repris son travail, c'est ce qu'elle a de mieux à faire... »

Mercredi 25 juillet

«... Avec les enfants, pêchage de poissons dans les duvalettes, à l'épuisette. Ils s'amusent énormément et apparemment Prunelle ne fait plus le lien entre les duvalettes et la disparition de son frère ; je me demande même si elle ne le fera pas davantage quand elles seront comblées. »

Voilà les chroniques paternelles. Ce qui touche à Adrien. Le reste n'est que déjeuners, mondanités, papiers, petites satisfactions et légers agacements. Écrites dans ces moments mêmes. Sous sa plume, il me semble retrouver l'essence de ces jours terribles, c'est un témoignage en direct, qui n'a pas passé le tamis du temps et de l'oubli. Étrange, cette violence que j'ai ressentie dans ce ton tranquille, qui parle de la mort de mon fils comme d'un événement parmi d'autres, comme les présentateurs des JT égrenant sur le même ton neutre les pires catastrophes et les sorties cinéma. « *Je dis d'occulter cela.* » *Occulter*… le terme est fort mais exprime bien sa façon de contourner les problèmes. J'ai cherché en vain une expression de tendresse, une émotion, un regret.

Cela. La mort d'Adrien. *Cela*, un mot à la résonance si limitative qu'il réduit sa disparition à quasiment rien.

Mais qu'avait mon père dans la tête pour employer des mots pareils ?

Ils me frappent comme une violence gratuite.

Et dans la catharsis qui a suivi, j'ai retrouvé des larmes que je ne pensais plus là.

Mais je sais aussi dans quelle solitude mon père a grandi, et combien il a reçu peu d'affection. Pensionnaire à huit ans au collège de Froyennes, avec peut-être deux visites de ses parents chaque année, cet amour qu'il n'a pas reçu, il ne pouvait le donner. Dans cet exil de l'enfance, il s'est forgé une armure pour survivre en serrant les dents. À vingt ans, il est parti faire la guerre dans les chars. Il a vu mourir ses meilleurs amis. Enfermé ensuite dans sa tour d'ivoire, déconnecté des émotions, de l'amour, il a passé sa vie conforté de rites religieux et du monde archaïque de la noblesse française. Ce qui ne signifie pas que nous n'avions pas des moments de complicité, de plaisir, de partage…

Impossible pourtant de savoir en le lisant si la mort d'Adrien l'a touché. C'est à la fois triste et étonnant.

Et je me dis que, simplement, mon père n'a jamais appris à exprimer ses émotions.

À parler de ses sentiments. Tout est resté caché en lui.

Veronica

Parmi tous mes amis, comme Pierre et Madeleine, Veronica avait avec Adrien une connexion particulière, lumineuse, qui s'est poursuivie à travers le temps, sans que je le sache. Le destin nous a éloignées par la distance, et pourtant nous sommes toujours restées mystérieusement liées.

Dès notre rencontre, Veronica, mon amie italienne, est entrée dans ma vie avec une évidence absolue.

Pendant les quelques années de ses études à Paris, nous avons partagé les amis un peu dingues, les soirées, les vacances à l'île de Ré, les confidences… Elle m'introduisait dans son univers et je partageais mes étrangetés avec elle. Sa mère m'appelait « lutin » et, quand nous allions à Vicenza, j'avais la curieuse impression de redevenir une petite fille…

Nous nous sommes mariées, elle est repartie vivre en Italie, nous avons continué à nous voir par intermittence et nos enfants sont nés. Sa fille, le même jour qu'Adrien, un 16 octobre.

Ensuite, je ne sais plus, cela fait partie de ma mémoire effacée. Je ne sais plus, nous nous sommes perdues de vue, sans nous perdre de cœur. Souvent je pensais à elle comme à une sorte de fée d'une époque lointaine. J'avais peut-être secrètement peur que le temps nous ait éloignées, que nous ne sachions plus communiquer comme avant.

Inconsciemment, je choisissais la distance, elle aussi.

Et cet été 2012, j'ai commencé cette quête autour d'Adrien, sans réaliser à quel point elle y était impliquée. Nous avions passé de longues années sans nous voir et soudain les circonstances nous ont réunies à deux reprises au cours de cet été du retour sur le passé. À l'île de Ré et dans les montagnes suisses. Sans l'avoir cherché, comme s'il y avait là une synchronicité, une nécessité, incontournables.

Nous avons longuement parlé du temps d'avant, d'Adrien dont elle a toujours une vision si claire, si tendre... Sa façon de l'évoquer comme s'il était encore là, avec nous, me bouleverse.

Mes vraies amitiés sont irréductibles, nous pouvons ne pas nous voir pendant des temps infinis, rien n'y change, quand quelqu'un entre dans ma vie, quand nos destins s'interpénètrent à un moment donné, le lien ne disparaît pas. Il continue d'exister, librement, sans nécessité de se voir, ni même de se parler. Il passe par ailleurs ; se poursuit en souterrain, en lumière aussi. Ainsi en est-il de Veronica et de moi.

Ces liens d'amitié sont rares. Précieux. J'en prends toute la mesure en la retrouvant quand elle me parle d'Adrien comme personne ne l'a fait depuis des années, ni même avant. On dirait qu'elle est la seule à se souvenir de lui tel qu'il était, et à l'avoir gardé vivant près d'elle.

Je retrouve un message d'elle qui m'a touchée au cœur :

Bonjour ma tendre. Voilà, encore une fois tu entres dans mes pensées avec Adrien sans que je l'aie voulu. C'est comme si l'affection et la peine partagées avaient un calendrier dont les pages tournent, un peu à notre insu, jamais effacées. C'est pour moi une perception douce et en même temps très 'tonique', et il est beau ce Jeune Homme fort et libre de se promener de l'un à l'autre, inscrit dans l'Histoire de la Vie, et dans la mienne aussi.

Adrien ne s'est pas effacé dans sa mémoire, et il l'a accompagnée aussi depuis son envol. J'ai vu chez elle, avec émotion, des photos de lui, comme s'il faisait partie de sa famille, et d'une certaine façon c'est bien cela. Cette connexion spéciale entre elle et Adrien s'est poursuivie à travers le temps. Et cela me donne autant de bonheur que d'étonnement. Moi dont la mémoire éphémère efface tant de souvenirs, savoir qu'Adrien est toujours vivant pour elle m'apparaît comme une grâce, un merveilleux cadeau.

VII

LA MÉMOIRE DES CHOSES

La maison assombrie

Les drames ne s'impriment pas seulement dans les esprits, les lieux et les objets en sont aussi subtilement imprégnés.

Les maisons reçoivent l'empreinte de ce qui s'est passé, elles ne respirent plus de la même façon, elles s'assombrissent. Les tristesses s'inscrivent dans les murs, se glissent dans les arbres dont le feuillage ne bruit plus de la même façon, mettent un filtre grisé sur la pureté de l'air.

Pour celui qui passe sans y prêter attention, rien n'a changé. Pour celui qui ressent les choses subtiles, l'ombre s'est installée. C'est ce qui s'est passé après le départ d'Adrien.

Une subtile transformation du réel.

Autour de la maison familiale, l'air s'est obscurci, les ombres sont arrivées. Adrien a emporté avec lui l'âme rieuse de la maison. Notre tristesse a marqué imperceptiblement les lieux, la pluie a succédé au soleil. Le silence comme un voile a altéré jusqu'aux couleurs des jardins, l'insouciance et l'innocence se sont envolées.

Avant, les premiers étés là-bas étaient d'une chaleur si ronde et douce, on riait en chantant la chanson du petit veau quand l'herbe commençait à jaunir, les tilleuls parfumaient l'air, il ne manquait rien à notre bonheur. C'est ainsi en tout cas que je m'en souviens.

Et pourtant, maintenant, quand je vois la photo d'Adrien où il marche sur le chemin dans l'ombre des tilleuls, le regard rêveur et lointain, je réalise qu'au fond de son cœur il était peut-être déjà loin, dans l'intuition de ce qu'il savait inéluctable.

Pendant longtemps je n'ai pu revenir dans cette maison, devenue trop lourde pour moi. La douleur me submergeait. La nuit surtout. L'image d'Adrien me hantait, mes nuits étaient peuplées de rêves éveillés où je croyais l'entendre m'appeler de sa tombe, il était si seul, il avait froid, il m'attendait, je devais venir le prendre dans mes bras. Les démons de la nuit me chuchotaient : « Il t'appelle… lève-toi, va le réchauffer. » Je ne savais que faire de ces nuits hantées, et de ces journées désertées. Le petit visage de Prunelle qui vivait la même tristesse à sa façon me brisait le cœur.

… Les larmes coulent, vais-je sortir dans la nuit pour m'allonger sur sa tombe et le consoler dans sa solitude ? Mais non, je sais qu'il n'est plus là, il est là-haut dans la lumière… Je me rassure, pourtant les tourments de la nuit reviennent, encore et encore. À chaque pas, je retrouve ses empreintes lumineuses, ses rires, ses chuchotements.

Le manque déchirant.

Sur la maison, l'ombre de ce jour où le monde a basculé va planer longtemps, voilant de tristesse chaque instant.

Il aura fallu, au terme de longues années suspendues dans le silence, qu'enfin la parole se délie, et que se fasse la lumière autour de la mort d'Adrien, pour que la maison retrouve la douce harmonie d'autrefois.

Il aura fallu que la nouvelle génération d'enfants arrive, les enfants de Prunelle et de ses cousins, ces jolies et puissantes âmes avec leur gaieté et leurs rires, pour restituer enfin aux lieux leur lumière initiale.

Récemment ma sœur m'a dit : « C'est incroyable, tu sais, la clarté est revenue dans la maison et tout autour. »

Les ombres se sont levées.

Les duvalettes

Je me souviens du jour où nous sommes arrivés dans cette maison pour la première fois, de cette éclatante luminosité qui éclabousse encore mes souvenirs. Les premiers étés là-bas.

Nos parents cherchaient un endroit pour nous rassembler tous, les cinq enfants, nos rythmes de vie assez intenses faisant que nous nous voyions rarement à Paris. Aussi avons-nous visité de nombreuses propriétés avant d'arriver dans cette partie de la Bourgogne, sur les marches du parc national du Morvan. Lorsque j'ai découvert la maison, j'étais enceinte de Prunelle, irradiée du bonheur de ce petit être au creux de mon ventre, malgré de longs mois allongée.

Les lieux, les environs, la maison étaient magnifiques, clairs et lumineux.

Ce fut un coup de foudre familial.

Nous nous y sentions en harmonie avec la nature, les pierres et les arbres. Les amis passaient, on vivait dans une sorte de kolkhose, les champignons poussaient à foison, les arbres croulaient de pommes et de mirabelles, le potager de ma mère nous offrait ses légumes, ses herbes et ses fruits dans un fouillis joyeux. Les enfants se faisaient des cabanes, jouaient dans le labyrinthe de verdure autour du tennis, complotaient dans le grenier ; l'air sentait bon les rires, l'amitié et la douceur de vivre.

Le bonheur a duré six ans. Jusqu'au 30 juin 1984. Le jour où on a retrouvé Adrien sans vie dans les duvalettes. Un drôle de nom pour ces bassins d'eau dormante, de part et d'autre d'un pont, bordés de pierre et entourés de lourdes chaînes.

Un nom tranquille.

De petites douves.

Qui aurait pu imaginer, à part ma sœur, que ces plans d'eau habités de poissons, grenouilles, têtards et herbes aquatiques puissent présenter le moindre danger pour nos enfants ? J'avoue que l'idée ne m'en avait pas effleurée.

Ils s'amusaient à pêcher les grenouilles avec du tissu rouge au bout d'une ficelle. C'était un terrain de jeu comme un autre.

Les douves sont maintenant comblées. Disparues l'eau, les herbes, les grenouilles tentatrices. De la terre, de l'herbe.

Pourtant l'obsession s'est poursuivie longtemps…

LES VIPÈRES

Et voilà. Finis les cris de joie de la pêche à la grenouille, les précieux bocaux de têtards dont les enfants guettaient la métamorphose, les tentatives de capturer les araignées d'eau dans leur course erratique, l'inexorable avancée des lentilles d'eau.

L'herbe a remplacé la vie aquatique, le danger est conjuré.

Pourtant l'eau est toujours là. La grande maison domine, en contrebas, un petit étang habité de nombreuses grenouilles qui coassent à la tombée de la nuit. De loin, il brille de tous ses reflets de lumière, ses bords ont été défrichés, et pourtant rares sont ceux qui s'y promènent.

On l'oublie souvent, la vie se passe de l'autre côté, dans les maisons, sous les tilleuls, autour des duvalettes en herbe et du labyrinthe du tennis, sous les arcades des communs, dans la cour.

Il n'y a d'ailleurs pas de chemin qui mène à l'étang, seule une vague trace dans le talus escarpé. Ce n'est pas un hasard.

Quand les petits enfants de ma sœur sont nés, sa peur de l'eau s'est reportée sur l'étang. Ils ont grandi, petits explorateurs de ce grand domaine, et pour les éloigner de l'étang, en conjurer les dangers, ma sœur leur a dit qu'ils ne devaient jamais y aller seuls, que des vipères mortelles se cachaient sur ses rives... Comme dans les contes, l'étang est devenu l'image de l'interdit, du lieu trop dangereux où il ne faut jamais aller, de la porte qu'il ne faut pas ouvrir, du fruit qu'il ne faut pas manger...

L'image des serpents s'est fixée sur l'étang. Avec la peur, l'angoisse de l'inconnu. De la mort.

Mais l'inconnu, c'était aussi le non-dit, l'image de ce petit garçon sans vie dans les duvalettes, dont ces enfants ne connaissaient pas l'existence.

On ne leur avait jamais parlé d'Adrien.

C'est normal, puisqu'il était devenu secret de famille en quelque sorte.

Maintenant que la parole s'est déliée, que sa mort s'exorcise, que la lumière revient sur la maison, nous allons pouvoir raconter son histoire, naturellement, à cette nouvelle génération d'enfants si ouverts et sensibles.

Leur en parler sans tristesse, avec amour.

La disparition d'Adrien a traversé le ciel de notre famille comme une comète brûlante, elle a été un passage difficile pour chacun. Elle a bouleversé l'équilibre des âmes et des lieux, d'une manière subtile, à peine perceptible, mais suffisamment forte pour que s'installe le silence. Et avec le silence des zones d'ombre.

Alors qu'Adrien nous dit lui-même son bonheur d'être là-haut, il n'était pas juste que nous en fassions une source noire.

La parole va éclairer et délier.

Les vipères vont redevenir de simples serpents, à la piqûre rarement mortelle, à la tête triangulaire marquée du V, comme nous cherchions à les reconnaître quand nous étions nous-mêmes enfants.

Elles vont perdre leur pouvoir magique. Le pouvoir de l'Ombre.

Les photos du bonheur

Pendant des années, je n'ai pas pu regarder les photos des jours de bonheur. Elles me bouleversaient. Je ne me sentais pas le courage de les affronter.

Les photos ont un pouvoir dont on n'est pas toujours conscient. Elles portent en elles l'empreinte vibrante du passé, elles ont capté une étincelle de l'âme de ceux qu'elles montrent.

Par elles on peut accéder à des mémoires oubliées.

Elles sont vivantes à leur façon.

Regarder celles de Prunelle et d'Adrien, les ressentir, réactiver les temps d'avant me foudroyait. Me poignardait.

Je m'y plongeais quand même pour tenter de revivre des moments perdus, je demandais aux photos de me restituer les parfums, les paroles et les regards qui accompagnaient cet instant figé, comme si par magie je pouvais reprendre le cours de nos vies à ce moment-là.

Je refermais vite la boîte ou l'album. Non, non, je ne peux pas.

Je n'ai pas pu pendant si longtemps...

Cet été 2012, il a fallu que je sache, que j'affronte à nouveau les photos de ces moments qui reprenaient vie en moi. Elles faisaient partie de ma quête. Celles des temps d'avant la déchirure.

Et des temps d'après.

Alors j'ai rassemblé mes forces et ouvert les albums que j'avais exilés.

C'est une sorte de face-à-face, ces photos devant mes yeux. Je les scrute, elles ont capté des moments ensoleillés qui ne reviendront jamais, et aussi ce qu'il y avait derrière les belles couleurs, parfois un monde où il fallait se battre pour survivre avec le sourire.

Je les regarde intensément, comme si, par un échange surnaturel, j'allais parvenir à basculer dedans pour revivre des moments que j'ai crus perdus, et qui continuent à exister ailleurs.

J'apprends à les revoir sans tristesse. Certains jours. Car elles conservent un étrange pouvoir d'évocation, et je réalise soudain qu'elles sont imprégnées de chaque émotion que j'ai ressentie en les regardant, à travers le temps.

Ce sont ces empreintes que je dois enlever pour leur restituer douceur et joie.

Adrien et Prunelle sur la plage de Saint-Lunaire, ils jouent avec le sable, je médite en les contemplant. Ils viennent me montrer les crabes, les bigorneaux qui sortent leurs cornes noires dans l'un des seaux.

Je souris à ces moments et je les laisse s'envoler. Je retourne dans le passé pour m'en libérer et j'y retrouve une façon de vivre. Quelques images suffisent à réveiller cette époque, la faire revivre avant de la laisser aller dans la lumière.

Il n'y a ni doutes, ni questions, avec mes enfants tout était simple et évident.

Je nous regarde dans notre bulle d'amour, sans nuages. Dans un sourire immanent. Dans le partage. Ils ont tout à m'apprendre et moi seulement à veiller sur eux, à les entourer de mon amour. À les suivre dans leurs rêves.

Et les souvenirs reviennent…

… À Noël, nous décorions deux arbres. Celui qui brille de mille objets de rêve. Celui qui se pare de bonbons, sucres d'orge et confiseries.

Nous découpions des étoiles, j'accrochais les jouets avec des fils d'or, et nous chantions des chansons ponctuées de flocons de neige, de traîneaux et de rennes aux brides brodées. Les multiples bougies rêveuses nous entraînaient vers les mondes imaginaires des contes.

Les légendes devenaient vivantes, vibrantes, elles s'incarnaient au fil des mots.

La magie tissait nos jours,

La nuit, je les écoutais dormir. Trop de silence, je m'inquiétais, je me levais doucement pour écouter leur respiration, m'assurer que tout allait bien.

Dès qu'un rêve leur arrachait le moindre cri, j'étais là pour leur chuchoter « tout va bien… » comme une litanie douce, en posant mes mains sur leur front, sur leur cœur… Je finissais par m'endormir dans le lit de l'un ou de l'autre, et ils ne se réveillaient plus.

Nous étions si bien ensemble.

Je les regardais exister.

VIII

LES ÂMES PASSAGÈRES

Un autre regard

La mort d'un enfant est une apocalypse, intime et fulgurante, qui nous oblige à regarder autrement la vie. La distance infime entre la vie et la mort.

Le monde ici s'écroule mais derrière les ruines passe la lumière. La révélation, c'est l'existence d'un ailleurs et le secret c'est aujourd'hui. Ici et Maintenant.

Ceux que nous aimons, aimons-les aujourd'hui, n'attendons pas un autre jour pour le leur dire, pour rire et parler avec eux, nous ne savons pas de quoi demain sera fait.

J'ai longtemps poursuivi ma quête de signification, en écoutant mon intuition démêler les myriades d'informations qui se présentaient, et j'ai fini par comprendre que certaines âmes décident de s'incarner pour une courte période de temps. Les enfants qui meurent, d'un accident ou d'une maladie, pour repartir à l'heure qu'ils s'étaient fixée, comme Adrien l'a fait, je les ai appelées « les âmes passagères. »

Dans un film de Chico Xavier, le célèbre médium brésilien qui transmet les messages des morts aux vivants aimés, celui-ci dit simplement, avec douceur, à une femme dont l'enfant est mort à la suite d'un accident de vélo : « Votre fils devait partir quoi qu'il arrive... Elle (la jeune fille qui s'occupait de lui) n'a été que l'instrument de son départ. Remerciez-la. Vous devez la remercier. Elle l'a aidé dans son passage. »

Ce film de 2011, *Les Mères – As Maes* – parle de la communication avec les morts à travers trois histoires, trois mères qui perdent leur enfant.

Je viens de le regarder à nouveau sur Internet, il est émouvant, troublant, et il correspond bien à ce que j'ai découvert dans mes recherches sur la mort, pendant ces longues années depuis la mort d'Adrien.

Il devait partir quoi qu'il arrive.

Adrien a tout fait pour que je le comprenne, grâce à des rêves, grâce à ses messages et à ses signes.

Le temps était venu.

L'ENFANT QUI N'EST PAS NÉ

Les enfants qui meurent jeunes, mais aussi ceux qui se sont incarnés fugitivement, fausse couche, avortement, mort à la naissance, sont des âmes passagères. Certains sont partis avant même d'avoir eu le temps de vivre, d'exister à nos yeux. Sans visage, ils n'ont pas laissé de traces, on les a relégués dans le silence et l'oubli.

Pourtant ils sont là dans nos ombres, parfois dans l'évanescence de pensées éphémères, parfois disparus de notre conscience. Il arrive aussi qu'ils nous hantent et se rappellent à nous de multiples façons.

Ceux que nous n'avons pas reconnus peuvent assombrir notre vie sans que nous en ayons conscience, parce qu'eux-mêmes vivent la tristesse de ne pas avoir été nommés, et aimés.

Ils ont besoin de notre regard et de notre amour pour que leur incarnation éphémère soit justifiée, qu'ils ne soient pas venus pour rien, en quelque sorte.

Certains n'ont pas pu quitter notre dimension, ils errent autour de nous, se créent une apparence et vivent dans l'ombre de nos vies. Ils cherchent à nous parler, se nourrissent de nos émotions et, sans que nous le sachions, peuvent nous transmettre leur tristesse…

Le jour où Jeanne m'a demandé de repartir dans le passé vers Adrien, à la fin de notre échange, la médium a ajouté :

« Je vois un enfant qui n'est pas né, le frère d'Adrien, il est là-haut avec lui. Ils sont heureux. »

Une seconde je suis restée interdite, de qui parlait-elle ?

J'avais oublié, occulté. Tout m'est revenu en un éclair. Quand j'ai découvert que j'étais enceinte, un an après la naissance de mon second fils. La joie puis la violence. Cette petite âme en moi était fragile, trop fragile. Son lien avec la vie était si ténu qu'il menaçait de se briser à chaque instant.

Je ne voulais pas le croire. Je me suis battue – seule – pour cet enfant, en vain.

Je me souviens d'un moment, au bord de la Méditerranée… Je suis descendue un matin sur la plage, très tôt. J'étais seule, assise sur un rocher. Cet enfant, je l'ai pleuré d'avance, en regardant la mer. Je commençais à comprendre que la séparation était inévitable. Je ne sais pourquoi j'étais sûre que c'était un garçon, un frère pour Alexandre. Celui qu'il m'a réclamé tant de fois ensuite.

J'ai ramassé une petite pierre blanche, une pierre de plage, douce et lisse, et je l'ai posée sur mon ventre pour y concentrer mon amour pour cet enfant. Je sentais les vibrations imprégner la pierre, la réchauffer doucement. Je me souviens de cette connexion singulière avec lui dans mon ventre, je lui parlais, je l'aimais déjà. J'aurais tant voulu qu'il naisse, mais les circonstances en avaient décidé autrement.

J'ai vécu l'ultime moment de sa vie éphémère avec l'impression de perdre une partie de moi-même – je m'en souviens maintenant.

L'oubli a été mon refuge.

Aussi, lorsque la voyante m'a parlé d'Adrien et de son frère, ensemble ailleurs, j'ai été saisie de multiples interrogations. Comment avais-je pu effacer cet enfant de ma mémoire, lui avec qui j'avais noué, au creux de mon ventre, un dialogue d'amour ? Comme je me suis effacée moi-même sans doute, pour échapper à la tristesse. Mais elle a ajouté : « Il est heureux. » Peut-être parce que je l'avais tant aimé, que je lui avais parlé, et confié à Adrien.

À ce moment-là, j'ai réalisé qu'une âme envolée avant de naître, quelle qu'en soit la raison, fausse couche, avortement, n'en existe pas moins dans l'autre dimension. Cette âme s'est formée au creux du ventre de sa mère, elle a ressenti ses pensées, écouté sa voix, elle a vécu à sa façon tout ce que vivaient sa mère, son père et son entourage.

Elle n'a pas eu le temps de prendre une apparence physique qui s'attache à notre mémoire. Elle a d'autant plus besoin d'être reconnue, nommée, et que nous lui exprimions notre amour.

La pierre blanche

Ce même été 2012, quelque temps après le message sur le frère d'Adrien, mon amie Belen me parle au téléphone de ces enfants qui n'ont pas vécu. Et ce qu'elle me dit entre en résonance avec l'injonction de me pencher sur mon passé, et avec l'image d'Adrien accompagné de son frère.

Belen. Nous nous sommes rencontrées grâce à mon roman *Les temps qui viennent*, en août 2011, et nous sommes devenues proches, comme des amies de toujours, dans l'évidence de nos intuitions sur le monde invisible. Nous ne nous sommes plus quittées, croisant nos connaissances et nos découvertes dans les domaines subtils.

Il arrive parfois que les rencontres semblent guidées par des puissances bienveillantes, et dans mon retour vers le passé, vers Adrien, Belen a joué le rôle de la fée. C'est elle le lien avec la médium par qui Jeanne m'a parlé, et c'est elle aussi qui m'a envoyée vers Carnita pour éclairer l'énigme de la boîte rouge.

Car cette boîte rouge dont ma sœur J. venait de me révéler l'existence contenait à notre insu un secret, un signe surnaturel, une phrase singulière gravée sur la petite montre d'Adrien. Et lorsque, deux mois plus tard, je reprendrais la chronologie de cet été crucial, il m'apparaîtra avec évidence que, dans un harmonieux mouvement, une sorte de mécanique céleste m'a guidée à chaque étape de mon chemin vers l'ultime révélation.

Je marche pieds nus dans l'herbe, au soleil, en parlant, en écoutant Belen, dans un jardin du Cotentin. Les fleurs m'entourent, le vent me caresse, il y a dans l'air la douceur de l'apaisement, de l'acceptation.

En reviennent des jours si tristes que je m'étais ingéniée à les oublier. Quand j'ai attendu cet enfant et que j'ai compris qu'il ne vivrait pas.

Cet enfant que j'ai pleuré.

Même s'il est heureux avec Adrien là-haut, il ne doit pas être oublié. Lui aussi fait partie de moi.

Aussi lorsque, dans cette même conversation au soleil, Belen m'a donné un rituel pour recréer le lien avec lui, pour lui donner sa place dans notre famille et dans mon cœur, j'ai compris qu'il ne suffisait pas de penser à lui, il fallait que je lui parle, que je le rencontre.

J'ai attendu un moment de paix et de solitude, allumé une bougie blanche. Puis je lui ai ouvert mon cœur. Je l'ai senti arriver, descendre jusqu'à moi dans un mouvement fluide.

Je lui ai donné son nom, Raphaël.

Les ondes d'amour nous ont unis, ont transformé l'inconnu en sourire lumineux. Raphaël. En le prenant contre moi, je pensais le soigner, mais c'est lui qui m'a offert son souffle et son pardon.

Merci mon Raphaël.

J'ai recherché la pierre blanche, celle que j'avais ramassée sur la plage. Celle qui porte l'empreinte de son âme, que j'ai posée sur mon ventre pour que ses vibrations l'imprègnent. J'avais tant de tendresse pour lui, cet enfant qui n'allait jamais naître. C'était ma façon de le prendre dans mes bras. De lui dire tu resteras dans mon cœur.

Pendant des années je l'ai gardée près de moi, cette pierre douce et blanche, chargée de l'amour que je ressentais pour lui. Puis au cours d'un de mes nombreux déménagements elle a disparu.

Depuis, sans savoir pourquoi, je ramassais des pierres blanches sur toutes les plages, et je réalise aujourd'hui qu'elles se cherchaient une ressemblance avec la petite pierre blanche de Raphaël. Comme si c'était une façon de la retrouver, de le retrouver.

Raphaël. Il a été un véritable chagrin.

Longtemps, j'ai senti une ombre planer sur cette année. Je me demandais, mais pourquoi cette année m'apparaît-elle comme un tournant de ma vie, pourquoi est-elle si lourde et si importante dans ma mémoire ?

Que s'est-il passé cette année-là ? Je n'avais pas la réponse.

Maintenant je me souviens.

Une année noire marquée d'une pierre blanche.

Rituel d'amour

Vous qui avez vécu cette séparation prématurée, cette disparition avant la naissance, vous avez peut-être ressenti le lien entre l'enfant qui ne naîtra pas et vous.

Si vous ne vous en souvenez pas, ce n'est pas grave.

Mais sachez que vous pouvez l'évoquer, parler à cet enfant, lui dire vos tristesses, vos regrets, lui demander pardon si c'est votre préoccupation, lui rendre sa place dans votre vie.

Et le laisser partir apaisé.

Cet enfant qui est parti avant que vous puissiez connaître son visage n'est pas venu par hasard, il fait partie de votre vie. Il n'est pas une ombre évanescente, sans nom et sans existence.

De l'autre côté, il existe, nommez-le, donnez-lui de la lumière, libérez-le.

Voici le rituel, il est simple mais puissant.

Choisissez un moment tranquille, où vous vous sentez en paix. Allumez une bougie blanche, juste pour la lumière.

Appelez cet enfant qui est parti trop tôt, demandez-lui de venir jusqu'à vous.

Accueillez-le et donnez-lui son nom.

Puis prenez-le dans vos bras.

Irradiez-le de toute votre tendresse et votre amour.

Bercez-le et parlez-lui, ou chantez-lui une chanson.

Remerciez-le et rendez-le à la lumière…

Vous sentirez votre cœur s'alléger. Et son âme s'envoler.

IX

D'UNE DIMENSION À UNE AUTRE

Jeanne

Mon voyage dans le passé m'a ouverte à une compréhension nouvelle de l'ordre des choses. Des liens qui existent entre ceux qui sont partis et nous.

J'ai découvert que, parmi ceux qui nous entourent dans l'invisible, certains sont liés à nous à travers le temps. Après leur passage sur terre, ils choisissent d'accompagner les vivants sur leur voie, de les aider avec leur propre expérience et leur amour.

Comme Jeanne.

« Jeanne là-haut veille sur vous… »

« Une personne vous envoie beaucoup d'amour, Jeanne… Elle vous envoie des messages mais vous ne les entendez pas… »

« Jeanne, guide spirituel, vous protège… »

« J'ai un message pour vous, Jeanne, une dame avec des liens de sang… Il faut enlever la culpabilité en vous, la douleur de la perte, de n'avoir pas été assez présente. Donnez aux autres l'épanouissement, cette force acquise dans la douleur. La prière sera exaucée. Avancez, libérez-vous. »

Tous ces messages m'ont été délivrés au fil des années, Jeanne était toujours là, à mon grand étonnement.

Quelle est cette Jeanne qui veille sur moi de là-haut ? Quel est ce lien entre nous au-delà du temps ? Pourquoi est-ce si important pour elle de m'aider ?

Jeanne m'intriguait. De si loin que je me souvienne, on m'a parlé d'elle, comme de quelqu'un qui serait proche de moi dans le monde invisible. D'abord j'ai douté, et puis son nom est revenu, souvent, comme pour me confirmer son existence. Pour me préparer peut-être à écouter son message.

Un jour de septembre 2012 m'est venue la pensée que, si on m'a transmis son prénom en insistant sur notre lien de sang, c'est pour que je la trouve. Que je comprenne ce qui nous unit à travers le temps.

J'ai cherché en vain sur Internet, jusqu'à ce que ma sœur me dise qu'elle a trouvé une Jeanne de Bodinat, Jeanne Conny de la Motte, morte en 1815, épouse de Jean-Louis de Bodinat.

Je regarde, mais rien ne résonne en moi, non, ce n'est pas elle, je ne le sens pas. L'arbre généalogique de ma famille se ramifie autour d'elle, je le scanne rapidement lorsqu'un nom se fait lumineux, m'attire, sa filleule :

Jeanne Marie Élisabeth de Bodinat, mariée avec Jean Hermès de la Cour, chevalier de l'Ordre de Saint-Louis. Je ressens une attirance puissante, une intuition. Je pense, c'est elle.

Alors je vais chercher plus loin dans son histoire, un signe qui corroborerait cette impression.

Il est là. Une simple petite ligne dans les « notes familiales ».

« De ce mariage naquirent deux enfants qui vécurent seulement quelques heures. »

Une émotion puissante s'est emparée de moi, un lien lumineux, une certitude intérieure. C'est Ma Jeanne.

Jeanne sait.

Je me souviens que c'est ce qu'on m'a dit d'elle une fois : Jeanne sait.

Je me demandais, que sait-elle ?

Elle sait ce que c'est que de perdre un enfant...

Jeanne qui a connu la souffrance de perdre ses deux enfants. Et qui veille sur moi, qui m'a tant aidée avec son message, en me demandant de retourner dans le passé pour l'éclairer. Elle sait, elle.

Merci Jeanne. Je te rends grâce pour ton attention et ton amour. Pour ce chemin que tu m'as fait faire, cet apaisement que tu m'as offert.

Pour corroborer cette intuition, un autre signe m'arrive par un biais insolite, le 22 novembre 2012.

Sur Facebook, quelques belles rencontres, dont Patricia Darré et Chantal Rialland. J'ai été impressionnée par le témoignage de Patricia dans son ouvrage, *Un souffle vers l'éternité*[1], et depuis un moment je pense aussi à acheter un livre de Chantal sur la psychogénéalogie, puis j'oublie.

---

1. Michel Lafon, 2012.

En cherchant dans ma bibliothèque *Le livre des coïncidences*[1] de Deepak Chopra, parmi les centaines d'ouvrages devant moi, j'attrape le premier qui se présente. Je n'en crois pas mes yeux, il s'agit de *Cette famille qui vit en nous*[2] de Chantal Rialland, un livre que je n'ai jamais vu, j'ignore d'où il vient.

Il s'ouvre sur une page cornée, très proprement, la page 33. Et je lis : «… Cependant une de mes arrière-grands-mères maternelles s'appelle Jeanne, ma grand-mère maternelle s'appelle Jeanne, ma grand-mère paternelle s'appelle Jeanne, le deuxième prénom de ma mère est Jeanne… »

Jeanne. Une femme de mon sang. *Cette famille qui vit en nous.* Ma Jeanne, née le 11 juillet 1807, décédée le 2 mai 1862 à Moulins, dans l'Allier.

La magie de la synchronicité.

Est-ce possible, un livre qui apparaît de nulle part ?

Je l'examine, il n'y a pas d'étiquette avec code-barres, aucun signet d'une librairie, il est vierge tout simplement.

À travers lui, j'entends Jeanne me dire : « C'est bien moi, cette famille qui vit en toi, qui te parle et te protège » et je comprends que l'apparition de ce livre appar tient à ces mêmes échanges entre les mondes que l'horloge qui tourne à l'envers.

1. J'ai lu, 2009.
2. Marabout, 2013.

D'une dimension à une autre

Je m'attendais à ce qu'il disparaisse après avoir joué son rôle, mais il est toujours là, dans ma bibliothèque, où de temps en temps je le regarde, encore un peu incrédule.

NOTRE DESSEIN INITIAL

Essayer de comprendre la mort, c'est comprendre aussi ce que nous sommes venus faire sur cette Terre. Pourquoi sommes-nous ici, incarnés dans la troisième dimension de la matière et de la dualité ? D'où venons-nous ? Où repartons-nous après la mort ?

À toutes ces questions il me fallait une réponse cohérente, en harmonie avec mes intuitions. Enfant, je parlais des mondes parallèles et de la réincarnation qui étaient pour moi des évidences. C'est en me tournant vers les multiples spiritualités que j'ai découvert que les visions de mon enfance rejoignent la plupart des courants de pensée des anciennes traditions.

Voici ce que j'ai compris.

Quand nous sommes encore dans les plans spirituels de la lumière, avant de nous incarner sur terre, nous choisissons les grandes lignes de notre vie : nos parents, notre famille, un pays, un milieu social, des rencontres, tous les paramètres de base pour expérimenter et faire évoluer notre âme.

Ces choix sont faits en conscience, pour ouvrir notre cœur, pour transcender l'incarnation. Le cadre est posé, ce que nous en ferons ensuite nous appartient.

Nous sommes libres de multiples potentialités, car tout est possible. Cette vie est notre création.

À la naissance, ce que l'on appelle dans les traditions *le voile de l'oubli* se pose sur notre mémoire. Nous oublions notre détermination initiale, les épreuves que nous avons choisi d'affronter, les bonheurs, les rencontres, les passages… et même les fulgurances et les désespoirs.

Nous nous croyons souvent le jouet du destin. Il n'en est rien.

Certains se plaignent de leur sort, sans savoir que c'est leur choix initial. En effet, les perspectives d'en haut ne sont pas celles d'en bas, et il nous est difficile d'imaginer avoir choisi sciemment de vivre une vie douloureuse, dramatique, ou très brève.

Il en est pourtant ainsi. C'est notre choix.

Cette idée, je l'ai faite mienne depuis longtemps, le choix de notre destinée avant l'incarnation.

Pourtant, il m'a fallu longtemps pour accepter l'idée d'un dessein supérieur devant la mort d'Adrien, un long chemin incrédule, où tous les jours j'imaginais que j'allais me réveiller de ce cauchemar, et que mon petit garçon serait là, vivant, blotti dans mes bras pour que je le protège de tout.

Longtemps, j'ai cherché à comprendre, à travers les rencontres, les livres, les signes qu'il m'a envoyés, tant de signes de l'au-delà, de petites lumières qui s'allumaient dans ma conscience, dans mon cœur et mon intuition.

Il m'a prise par la main pour me guider dans le labyrinthe de mes incertitudes en douceur, avec une patience infinie.

Il m'a reliée aux plans de lumière.

Puis il est arrivé un moment où la vision de *l'âme passagère* s'est imposée. Dans l'ordre des choses invisibles, s'il y a eu un choix pour Adrien, il l'a fait avant de s'incarner.

De même, Raphaël est venu en moi en sachant à l'avance qu'il ne naîtrait pas à notre monde. Il est descendu pour un moment de partage, une rencontre d'amour. Oui, c'est cela, tout simplement d'amour.

Certaines âmes descendent sur terre pour un temps limité, elles ne sont là que de passage. Elles créent des liens, dénouent des problèmes, et leur mort n'est pas le moindre défi, ni le moindre cadeau, qu'elles offrent à leur entourage.

Ainsi Adrien nous a accompagnés quelques années, petit sage au regard rêveur. Son regard savait la vie éphémère, la valeur de chaque instant.

Il était déjà entre ici et ailleurs.

Je me souviens si bien de sa façon de regarder le monde, comme s'il le quittait déjà.

Un jour, j'ai pensé, Adrien est venu sur terre avec un corps fragile parce qu'il ne devait pas rester. Deux jours après sa naissance à l'hôpital de Saint-Cloud, je n'avais toujours pas pu le tenir dans mes bras, ni même le voir. Personne ne répondait à mes questions. Le chef de service est passé dans ma chambre : « C'est vous la maman du petit Adrien, il va très mal », d'une voix neutre dans laquelle j'ai ressenti une pointe de méchanceté. J'éclatais en larmes. Depuis deux jours, je me tourmentais, personne ne me donnait de nouvelles, et là, en passant, sans un soupçon d'empathie, sans une explication, la phrase perfide.

Je suis allée voir mon bébé dans la lumière violette, le crâne déformé par les bandes, et simplement d'être proche de lui a calmé toutes mes angoisses. Un lien si fort s'est établi, un lien d'amour si total, comme avec Prunelle, que j'étais certaine qu'il serait bientôt dans mes bras pour que je l'entoure de toute ma tendresse, que je le protège, le nourrisse… Il est entré dans mon cœur comme s'il avait été là depuis toujours, et sans doute n'était-ce pas notre première rencontre…

Ce que j'ai compris à ce moment-là, c'est que la vie d'Adrien n'allait pas sans une fragilité qui s'est retrouvée dans toutes les étapes de sa brève vie. Jusqu'à cette opération programmée, si banale mais qui me faisait si peur. Celle à laquelle il a échappé en passant par l'eau.

La mort d'un enfant dans une famille, au sens large, est une épreuve que chacun va vivre à sa façon.

Soit se refermer dans l'incompréhension.

Soit cette mort, dans un processus initiatique, va éveiller à une conscience supérieure, à la compassion et à l'amour.

Il nous faut accepter la détermination de l'âme de l'enfant à partir. À retourner à la source. Elle a rempli son contrat et, même si elle s'est attachée à cette vie terrestre, elle sait qu'elle doit repartir. Elle est dans l'inéluctable.

D'une manière ou d'une autre, elle repartira.

Mais comment dire à une femme, ou à un homme, qui a perdu son enfant :

« Ne soyez pas triste, votre enfant était une âme passagère. Rien ne pouvait le retenir, car c'était son choix d'avant, de là-haut, et vous comprendrez un jour qu'il vous a fait un cadeau immense… »

Croyez-moi, il faut du temps après le tsunami qui détruit tout sur son passage, pour accepter l'ordre des choses divines.

Je peux le dire maintenant.

Avec une joie apaisée dans le cœur,
la mort d'Adrien a été ma plus grande douleur,
et ma plus merveilleuse grâce.

Parle-moi

Parle-moi, mon cœur,
Toi qui sais.
Où es-tu ?
Je sais que tu m'entends.
Où es-tu dans l'immensité de l'inconnu ?
D'où me parles-tu ?
D'où fais-tu tourner l'horloge à l'envers ?
Où ris-tu en m'envoyant tes drôles de messages ?
Qui t'accompagne dans cet autre monde ?

Comment accepter l'inacceptable ?
En lui découvrant un autre sens.
Une signification transcendante.

Mon cœur,
tu m'as donné la force dans la déchirure,
toujours tu as mis sur mon chemin les livres et les êtres qui pouvaient m'aider.
Et dans la vie de tous les jours,

il suffisait que je te demande ton aide pour aplanir les problèmes.

J'ai voulu comprendre,

j'ai compris que tu n'étais venu sur terre que pour un temps limité,

pour nous ouvrir l'esprit et nous guider vers la lumière.

Merci d'avoir accepté de venir naître en moi,
d'avoir passé ces quelques années bénies
et lumineuses avec nous
et de nous accompagner depuis de l'au-delà,
Prunelle, moi, et tous ceux qui t'ont aimé.

Merci d'être toujours resté si proche,
merci malgré et pour toute cette douleur.

La métamorphose de l'âme

Ces derniers mois, au fil de l'écriture de ce livre, j'ai vécu une métamorphose lumineuse, le passé s'est éclairé et apaisé. Quand Jeanne m'a demandé depuis l'au-delà de ne plus rester en retrait et d'écrire pour les autres, pour partager la force acquise dans la douleur, j'ai accepté sans savoir où j'allais. Sans avoir conscience de l'extraordinaire transformation qui allait s'opérer en moi.

En regardant ce que j'avais fui, en cherchant à comprendre mes peurs cachées, j'ai fini par réaliser l'injustice des tourments que je m'étais infligés, au-delà de la tristesse de la séparation et de l'absence. Les culpabilités, les remords, les regrets, toutes choses qui ne pouvaient rien changer, et qui n'ont servi qu'à aggraver ma douleur dans de vaines obsessions de refaire le passé.

Le choc de la disparition d'Adrien a été brutal, malgré mes intuitions, mes prémonitions, mes peurs. Nous sommes passés de la lumière à l'ombre en une journée. Un jour il jouait avec Prunelle et ses cousins, le lendemain son corps sans vie reposait sur le lit de mon père.

Pas de transition, pas de préparation, pas de possibilité de lui dire au revoir…

Une mort sans prévenir, une fin impossible survenue à l'improviste.

Enfin, pas tout à fait, puisqu'il y avait eu les deux rêves, l'eau et le feu, mais leur signification était trop inimaginable pour que je la comprenne.

Je me suis surprise un jour à envier les parents dont les enfants sont malades, ils ont le temps de leur dire au revoir, et de les entourer de leur amour jusqu'au bout.

Je me suis consolée parfois aussi avec la certitude de sa mort, de son passage dans une autre dimension. Et j'ai ressenti l'invraisemblable souffrance des parents dont l'enfant a été enlevé, qui a disparu et que l'on n'a jamais retrouvé. L'incertitude, l'espoir fou, la terreur qu'on lui fasse du mal, l'horreur de l'imaginer dans des situations terribles.

Il m'est arrivé de remercier pour la mort d'Adrien, parce qu'elle exclut tous les doutes. Et de ressentir une compassion infinie pour ces parents dans l'attente effrayante de savoir.

On m'a demandé de regarder au fond de moi cette pierre noire qui m'empêchait d'avancer, faite de toutes les questions non posées et des doutes occultés autour d'Adrien.

J'ai réalisé combien nous, nous tous, avons grandi sous le signe de la culpabilité, comment nous avons été entraînés dans la pensée biaisée de notre inévitable imperfection. Ce n'est pas qu'une question de regard, c'est un problème essentiel qui nous bloque souvent dans des schémas archaïques de faute, de manque, d'ombre.

Rien n'est plus difficile que d'échapper à ce système de pensée qui nous maintient dans un conditionnement traumatique. Cette liberté d'être que les religions et les sociétés nous ont confisquée pour leurs propres intérêts, il est temps de la retrouver.

Nous devons nous reconnecter avec notre part de divin, notre lumière, nos certitudes.

Je l'ai trouvée, cette pierre noire avec son opacité et j'ai senti ses irradiations sombres, barrières psychiques à la guérison à laquelle j'aspirais. J'ignorais jusqu'à son existence. Pour la dissoudre, il m'a fallu descendre mettre de la lumière sur les derniers doutes, éclairer les zones d'ombre, irradier d'amour les douleurs incrustées dans la culpabilité.

Et à mesure que je pénétrais plus loin dans une compréhension nouvelle du monde, les ombres se sont dissoutes, mon âme s'est purifiée, une énergie vibratoire d'amour s'est installée. Je ne ressens plus la douleur, mais la joie. Une connexion énergétique puissante.

Je réalise aujourd'hui combien le temps est précieux. Je ressens l'urgence de vivre chaque instant dans la conscience, l'élévation spirituelle, la lumière.

Mon chemin, la voie que l'on m'a montrée, est de continuer à écrire, à découvrir, à évoluer.

Je pense à Adrien.

Je ne suis plus triste mais émue.

Je ressens sa présence invisible comme une grâce immense.

Je ressens sa beauté immortelle
La douceur de son âme
La limpidité de son amour
Sa présence.
Il n'y a pas d'absence
Mais une présence différente.
Une présence.
Lumineuse, irradiante, céleste.

Si vous avez perdu un enfant, pleurez-le, mais ne vous laissez pas aller au désespoir.

Ne vous accrochez pas à lui dans votre douleur, ou seulement le temps nécessaire pour accepter la séparation.

Ne le retenez pas.

Ne vous faites pas de reproches sur ce que vous auriez dû ou pu faire…

Il est au-delà.

Ne vous tourmentez pas pour son corps physique… il ne pleure pas dans sa tombe.

Les enfants qui meurent partent très loin très vite.

Leurs âmes passagères rejoignent la lumière en un éclair.

Le lien d'amour entre vous ne disparaît pas, au contraire, il se fait de plus en plus lumineux et fort.

D'une dimension à une autre

Il y a derrière les apparences tout un monde invisible où s'entrecroisent causes et effets, et où notre destin a sa source. De cet autre monde nous parviennent des signes qu'il nous appartient de reconnaître. Il y a moins de pourquoi, moins de révoltes, moins d'amertume, quand, dans les aléas douloureux d'une vie, on est amené à déceler l'influence d'un destin supérieur, où les problèmes et les épreuves sont vécus, non comme des punitions mais comme des occasions de grandir et d'évoluer.

À PRÉSENT LA LUMIÈRE

On considère rarement la mort comme une étape naturelle de la vie mais le plus souvent comme une injustice, un accident, un phénomène anormal qui n'aurait jamais dû arriver.

Notre vision est limitée par ce que nous voyons, cette dimension, et ce que nous savons ou ce que l'on nous a appris depuis l'enfance, le refus de la mort, de l'impossible fin. Nous nous visualisons de notre naissance à notre mort. Mais d'où venons-nous avant la naissance et où allons-nous après la mort ? Y a-t-il une vie après la mort ?

Pour moi, la réponse a toujours été évidente, je ne me suis même pas posé la question, l'au-delà fait partie de mes paramètres innés. Et tout ce que j'ai rencontré grâce à Adrien, les communications et les signes, n'a fait que corroborer mes intuitions. La mort est un passage vers d'autres dimensions.

Nous avons oublié Avant et Après. Nous avons perdu la vision d'avant, de notre dessein avant de nous incarner, des choix que nous avons faits, des épreuves et des défis que nous avons accepté de rencontrer pour faire grandir notre âme.

Nous nous croyons les jouets du destin alors que nous marchons sur le chemin que nous nous sommes fixé. Nous-mêmes.

Nous ne sommes ni des victimes ni des égarés, mais les maîtres ultimes de notre destin.

J'ai ressenti le départ d'Adrien, sa mort, comme un malheur infini. Une perte irrémédiable. Il est pourtant dans l'ordre des choses, des choses de l'au-delà.

C'est un rendez-vous que nous nous étions donné, un passage par l'extrême douleur de la perte pour aller vers la lumière infinie des plans supérieurs.

Lorsque j'ai compris l'ordre des choses invisibles, les choix faits avant la naissance, lorsque j'ai compris qu'il ne s'agissait pas de hasard, de malédiction, d'aléa de la vie, mais d'une détermination initiale de l'âme d'Adrien en accord avec la mienne, avec celle de Prunelle, et de tous ceux qui ont été touchés par son départ si jeune, le malheur s'est transformé en grâce. Une grâce embuée encore de larmes, mais de larmes paisibles, dénuées de colère et de regrets.

C'est cela le secret, cette vision des mondes invisibles qui n'est pas celle de nos plans terrestres. De là-haut nous venons, là-haut nous repartons, c'est un mouvement fluide et naturel, la mort ici est une renaissance dans les plans de lumière. Nous quittons les ombres pour retrouver la lumière dont nous gardions la nostalgie au fond de nous et boire « comme une pure et divine liqueur, le feu clair qui remplit les espaces limpides », comme l'écrit Baudelaire.

Du malheur à la grâce, le chemin a été long, difficile, ponctué de toutes les interrogations du monde.

À présent la lumière.

Quand j'écris ces simples mots, la joie m'envahit, elle me comble au-delà de l'imaginable.

Merci, Adrien, d'avoir été celui par qui la lumière arrive…

X

LA BOÎTE ROUGE

C'est la fin de l'été, l'été du retour dans le passé, de la guérison des ombres. Je suis arrivée au terme d'une sorte d'itinéraire guidé par là-haut, accompagnée d'Adrien… C'est fait.

Le passé d'Adrien est devenu lumineux, en moi et autour de moi. Dans ma famille, chacun a retrouvé la parole confisquée par le secret, et les ombres se sont levées dans les esprits et sur les lieux.

J'ai écrit, comme Jeanne me l'avait demandé.

Pour dire comment la disparition de mon petit garçon, Adrien, a été accompagnée de signes de l'au-delà et de communications avec lui.

J'ai compris, vraiment compris, avec mon esprit et surtout avec mon cœur, comme Adrien n'a cessé de me le chuchoter depuis là-haut, que la mort n'est pas une fin mais un passage, que nous ne sommes jamais séparés de ceux que nous aimons, quelle que soit la souffrance de leur absence.

Il m'a montré jour après jour qu'il n'y a de séparation que dans les apparences, l'essentiel se poursuit dans l'invisible. Et si nous sommes attentifs aux signes, si nous écoutons nos rêves, la communication se poursuit sans cesse.

Je pensais que c'était ce message qui devait réveiller l'espoir dans les âmes blessées par un deuil. La vision du lien intangible avec ceux qui sont partis avant nous. Et c'est juste.

Ainsi, dans mon esprit, l'histoire se terminait là.

Mais je me trompais.

Au moment où j'allais mettre un point final à ce livre, un dernier élément inattendu, une boîte en carton rouge, a traversé le temps pour arriver jusqu'à moi. Et tout, les prémonitions, la disparition d'Adrien, les signes, les communications, tout a pris une signification différente...

Juste avant de recevoir la boîte rouge, la transition s'est annoncée en novembre par une suite de trois rêves intenses, d'une lumière si vive, qu'ils m'ont rappelé ces autres rêves qui ont été si importants pour moi, les rêves prémonitoires de la disparition d'Adrien.

Ces trois rêves parlent de la mort, de la transition entre les mondes. Ils me montrent les âmes en attente dans un espace intermédiaire, entre ici et là-haut. Ils me disent que je peux les aider... Je sens qu'ils ne m'ont pas été envoyés par hasard.

Ils se sont inscrits au plus profond de moi, j'ai la sensation de les avoir RÉELLEMENT vécus dans une autre dimension.

Je ne le sais pas encore, ils me préparent à l'énigme contenue dans la boîte en carton rouge, à la révélation qui a changé ma vie.

Quand, avec ma sœur, nous sommes revenues sur le passé, voyant ma détermination à faire la lumière sur tout ce qui concerne Adrien, elle m'a révélé l'existence de la boîte de carton rouge, retrouvée tout en haut d'une armoire, au moment des rangements dans l'appartement de nos parents à Paris, après le décès de notre père.

Elle ajoute qu'elle l'a gardée chez elle sans m'en parler.

« J'ai pensé que cela te ferait trop mal, je l'ai emportée chez moi, cela fait cinq ans maintenant... »

J'imagine cette boîte cachée dans un placard de son appartement, en attente du jour où elle me serait transmise,

Et les années passant...

Elle s'est souvent demandé ce qu'elle devait en faire.

Le moment est venu, elle doit me l'apporter.

J'ai ouvert la boîte de Pandore.

Le passé a jailli, en même temps l'incrédulité, le doute.

Au fond, une énigme.

Elle vient de me la déposer, un voile de tristesse et d'appréhension sur le visage, puis elle est repartie sans rien dire. Quand je me retrouve seule avec cette boîte rouge, dont je me souviens comme d'un élément lointain du passé, je sens un grand silence se faire autour de moi, et en moi. Il y a si longtemps... Je l'ai posée sur la table de la salle à manger, elle est là devant moi, et mes mains glissent dessus, comme pour deviner ce qu'elle contient de réminiscences et d'émotions, de traces. Je ne me résous pas tout de suite à l'ouvrir, je me demande ce qu'elle recèle, quelles en sont les surprises. J'ai aussi un peu peur que n'en surgisse trop de tristesse mêlée aux émotions de retrouver ainsi ces affaires d'Adrien qui ont traversé le temps, depuis le jour de sa disparition.

Et je découvre que, une fois de plus, j'étais dans l'illusion, des illusions de détails puisque l'essentiel n'est pas là, mais qui ne correspondent pas à ce que je m'étais imaginé.

La première chose, symbolique sans doute. Contrairement à ce que j'ai pensé pendant toutes ces années, il a fallu que je le retrouve, ce déguisement de Superman, dans le carton que ma sœur m'a déposé aujourd'hui, ultime étape, je le crois alors, de mon pèlerinage au cœur du passé avec Adrien.

Tout est là, la combinaison, la cape rouge, les manchettes rouges marquées de l'éclair jaune, dans lesquelles j'ai vu Adrien illuminé bondir pour essayer de s'envoler. Je les croyais disparues avec lui à jamais, et j'ai dû les saisir dans mes mains, les déployer, les sentir, les regarder comme si elles étaient apparues de nulle part, comme si elles s'étaient dédoublées pour apparaître dans le carton rouge, au milieu de jouets fatigués.

Je n'arrive pas à y croire. Une fois de plus ma mémoire, mon imagination m'ont joué des tours.

Mais qu'est-ce qui m'a donc fait croire que j'étais là quand on l'a mis dans son cercueil, revêtu de la combinaison rouge, bleu et jaune ? Un rêve que j'ai pris pour la réalité ?

Un à un, je sors les menus objets et vêtements qui remplissent à moitié la boîte rouge.

C'est une petite chemise qui me fait pleurer, je me revois l'aider à s'habiller, je ressens la douceur de sa peau et cette réminiscence a son parfum d'enfant, le goût d'un lointain presque oublié. Ces menus jouets à moitié cassés qu'il a un jour tenus dans ses mains, cette sensation de renouer avec des effluves de mon enfant a ravivé le manque initial, il est à nouveau si petit, quatre ans et demi, et il me quitte à tout jamais.

À tout jamais dans cette dimension.

Je retrouve la grande cassure, quand son absence me paraissait un impossible cauchemar, dont j'étais incapable de me réveiller. À travers ces objets, le passé me parle.

Un masque de souris grise, avec ses oreilles roses, et deux trous pour les yeux, ses yeux noisette et vert. À l'envers, sa maîtresse a écrit son nom : Adrien. Je le mets devant mon visage, je regarde par ses yeux comme il l'a fait.

Un carton orange inséré dans un badge en plastique transparent, de la Halte-garderie de la vallée des Allues.

« Je m'appelle de Bodinat Adrien,

Je suis au club Saturnin

Mon adresse Engarnet

Je suis arrivé au club le 29.03.84. »

Nos dernières vacances d'hiver à Méribel, il n'avait plus que trois mois à vivre… J'ai toujours aimé que mes enfants portent mon nom, aussi.

Une petite locomotive noire, une voiture blanche, une planche en bois décorée de graines entourant un petit bateau dans les hautes vagues, une étiquette écrite en rouge sur fond blanc et je me souviens avoir moi-même écrit son nom ADRIEN, des riens, un maillot de bain rouge, un mini ukulélé auquel il ne reste que deux cordes…

C'est si émouvant, je renoue avec la tristesse ancienne. Laisser passer les larmes. J'entends les bruits à travers le silence, un silence ouaté qui s'est soudain installé.

Une sensation d'épuisement.

L'envie de m'allonger, de dormir.

Mais le plus étrange reste à venir…

Un objet, la petite montre d'Adrien au cadran bleu, m'attend, cachée sous tous ces objets et vêtements.

Je la saisis comme si elle avait un message à me transmettre, je la caresse avec amour en fermant les yeux comme pour sentir la peau d'enfant du poignet d'Adrien, puis je la regarde avec attention, la grande aiguille est tombée, la petite aiguille des heures pointe vers midi ou minuit. Le douze. Le temps arrêté.

Soudain, il me semble apercevoir des lettres gravées maladroitement sur le cadran de verre. C'est alors que nous entrons dans le surnaturel.

Une petite montre à fond bleu, l'aiguille des minutes détachée, le temps arrêté sur le 12. Le cadran un peu rayé, des lettres sur le verre… Il me faut un moment, mettre des lunettes, prendre une loupe, pour arriver à déchiffrer cette ultime énigme, pour m'assurer que ce n'est pas un mirage. Trois mots sibyllins écrits en transparence, en majuscules : *VIVA LA MUERTE.*

« Vive la mort », l'angoisse m'étreint…

C'est du délire Incompréhensible.

Une crainte inconnue me serre le cœur.

Cette montre est là devant moi, de temps en temps je regarde à nouveau, incrédule, ces mots qui me paraissent si sombres. À chaque fois, j'espère qu'ils se seront effacés.

Qui ? Pourquoi ? Quand ? Qui a bien pu écrire ces mots ? Je n'aurai de cesse de comprendre comment, sur la montre de mon petit garçon, de mon lumineux petit amour, sont apparus ces mots troublants.

J'ignore encore où cette énigme me mènera, vers une révélation qui va transformer ma vie…

Deux mois avant, ce même été 2012, j'étais au Salon de l'Île aux Livres, à l'île de Ré, assise tranquillement à rédiger des dédicaces des *Temps qui viennent*, quand une femme est arrivée devant moi : « Je prends votre livre. » Étonnée par sa détermination, je lui demande pourquoi, et nous commençons un échange sur des sujets surnaturels et spirituels qu'il est rare d'aborder, surtout dans ce contexte. Soudain son visage change : « Votre vie va complètement changer, bientôt, cet automne » et pendant quelques minutes elle me parle de métamorphose, de renaissance, je vais être jetée dans un chaos fertile et plus rien ne sera comme avant.

Je lui demande, surprise :

« Mais vous êtes voyante ?

— Quand j'avais un cabinet à Paris, me répond-elle, les gens faisaient la queue devant ma porte… »

Comment imaginer la nature de cette transformation dont elle me parle avec tant d'assurance ? Comment ma vie pourrait-elle changer d'une façon si totale ? Et de quelle façon ?

Eh bien, voilà, j'y suis. Dans la transformation. Entraînée par ces trois mots énigmatiques, ce sceau sur la montre d'Adrien, je pars à la rencontre de l'inconnu, du changement qui va prendre une forme que je n'aurais jamais imaginée possible.

Car l'énigme de « *VIVA LA MUERTE* » me poursuit. Ces mots me poignardent. Quel rapport avec sa disparition ? Quand et par qui ont-ils été écrits ? Dans quelle intention ?

Ils me troublent, me tournent dans la tête, je n'arrive pas à éliminer des scénarios effrayants, une volonté obscurément mauvaise. Je dois savoir.

Pour résoudre une énigme qui a traversé tant d'années, à qui s'adresser, sinon à quelqu'un qui a des affinités avec l'au-delà ? Grâce à mon roman, *Les temps qui viennent,* j'ai rencontré des gens étonnants, des êtres éveillés aux autres dimensions, à l'invisible, qui sont devenus des amis.

J'ai déjà parlé de la montre à Belen et, devant cette inscription qui me hante, elle me suggère de rencontrer Carnita. Celle-ci parle avec les guides invisibles qui nous suivent et nous aident, nos inspirateurs, nos protecteurs.

Carnita commence déjà à me répondre au téléphone : « Ne vous inquiétez pas, il n'y a rien de sombre, aucune malveillance… Venez me voir. »

Je me retrouve dans son cabinet, un sous-sol près de la place des Vosges, une sorte de grotte aux énergies bienveillantes. Et ce que Carnita me dit entre en résonance avec mon intuition profonde, bien au-delà de la peur instinctive, du réflexe conditionné… Si étrange que paraisse ce qu'elle me dit, je l'accueille avec soulagement et confiance.

Voici ce que lui disent mes guides : *VIVA LA MUERTE* a été un signal, un codage destiné à réveiller la mémoire d'Adrien, lui rappeler sa détermination initiale, la brièveté de son passage sur Terre. L'heure était venue. Il devait repartir. Ce message s'adressait à la part transcendante de son âme, celle qui sait.

… Ces mots n'ont pas été écrits par une main humaine, ils se sont inscrits d'eux-mêmes, comme certains objets apparaissent ou disparaissent, comme un message de l'au-delà. Ils sont de la même essence subtile que l'horloge qui tourne à l'envers, le livre qui se matérialise de nulle part. Une impossibilité et pourtant…

Une sorte de manifestation quantique.

Avant de descendre sur Terre, l'âme d'Adrien avait un dessein clair, son passage ici serait court, une brève échappée dans notre troisième dimension, pour faire évoluer les âmes autour de lui. Mais, une fois incarné, il s'est retrouvé derrière le voile de l'oubli, il s'est attaché à Prunelle et à moi dans un amour fusionnel. Il a oublié sa détermination initiale, et si parfois il en avait des réminiscences, elles lui faisaient peur. C'était partir, quitter le connu et les êtres aimés.

Il n'était après tout qu'un petit garçon de quatre ans, qui avait encore besoin d'être protégé, quelles que soient la puissance et la grandeur de son âme dans les autres dimensions.

Le code a réveillé en lui la connaissance pour qu'il aille vers son destin, et qu'il renaisse là-haut.

Et l'enfant est descendu dans l'eau pour monter vers la lumière…

Viva la muerte. Ces mots s'étaient inscrits aussi à mon intention, pour m'attirer chez Carnita de longues années plus tard, lorsque la montre d'Adrien parviendrait entre mes mains. Afin que me soit délivré un message qui allait effectivement, comme le prédisait la médium de Ré, bouleverser ma vie.

Voici ce message.

Carnita me demande avec une lueur amusée dans le regard : « Pourquoi êtes-vous venue me voir ? » Étonnée, je lui réponds ce qui me paraît une simple évidence :

« Pour comprendre cette inscription sur la montre d'Adrien, qui l'a tracée et ce qu'elle signifie… »

Mais elle sous-entend qu'il y a autre chose, une autre raison à ma présence, comme si la montre n'avait été qu'un prétexte pour venir jusqu'à elle.

Elle ajoute : « Adrien est un être de lumière, un de vos guides. Là-haut il est grand et puissant et il vous accompagne. Il est là, vous pouvez lui parler. »

Alors il se manifeste, il me parle à travers elle. Je ne peux pas avoir le moindre doute, tant sa présence est évidente.

Et le monde s'ouvre, ma vie bascule.

Adrien me l'a dit plusieurs fois : « Un jour nous travaillerons ensemble… »

Le moment est venu.

Je lui pose la question qui me préoccupe, le dévoilement de notre histoire : « C'est bien ce que j'ai écrit, ce livre, c'est ce qu'il fallait faire ? » Sa réponse me surprend : « Ce n'est qu'un début, ça va beaucoup plus loin… »

Plus loin ? Comment ? Où ? Je ne sais quoi penser de cette phrase sibylline. Je n'ai pas réalisé que je suis déjà dans le mouvement qui m'emmène vers ailleurs…

Au cours des deux heures qui suivent, deux heures que j'ai la sensation de passer hors de l'espace-temps, je vis une sorte d'initiation éclair, profonde, magnifique. Je suis entrée chez Carnita avec mon ancien moi, et je ressors autre. Une renaissance.

À travers elle, « ils » m'ont révélé, enseigné et donné des informations qui vibrent encore dans tout mon être.

J'aurais pu être étonnée, sceptique, mais curieusement tout ce que me disaient les guides me semblait naturel, même le plus étrange. Car cela rejoignait le message des rêves de l'au-delà, ce que j'avais pressenti, la raison pour laquelle ils m'avaient été envoyés.

En une seule phrase, Carnita m'a projetée dans une autre dimension : « Vous savez que vous pouvez faire passer les âmes errantes des morts ? » et elle a poursuivi : « Certaines personnes naissent avec en eux une lumière particulière qui attire les défunts égarés, une étoile qui se met à briller dans l'obscurité. Ils se dirigent vers elle, avec l'espoir de trouver cette aide qu'ils réclamaient en vain. Vous avez cette étincelle en vous, c'est pourquoi ils viennent vers vous, même si vous ne les percevez pas. Vous avez la capacité, le don, de faire monter ces âmes errantes dans la lumière de là-haut, si vous l'acceptez… »

Les trois rêves m'avaient préparée à cette révélation, aussi ses paroles ont-elles résonné en moi comme une musique familière. Presque une évidence, que j'ai saisie avec joie et gratitude.

Je devais dire oui si je l'acceptais.

Dire : « j'accepte de faire tout ce que je suis venue faire, et en tout ce que je suis. » Comment ne pas accepter ?

« Oui. Tout ce que je suis venue faire.

Et en tout ce que je suis. »

J'ai accepté.

Et bien au-delà.

D'aider les défunts et de soigner les vivants.

Et je savais que c'était juste parce que je ressentais un amour infini, inconditionnel pour toutes ces âmes, quelles qu'elles soient.

Même si je ne savais pas à quoi je m'engageais, j'ai accepté de tout mon être les bouleversements que cela allait créer dans ma vie. Les responsabilités. Les doutes.

Et je suis entrée dans la magie du monde…

Épilogue

CE QUE J'AIMERAIS PARTAGER AVEC VOUS…

Je suis entrée dans l'écriture de ce livre comme dans une quête, la quête d'une vérité que je n'avais pas eu la force, ni même l'idée, d'affronter depuis la disparition d'Adrien. Une quête de guérison aussi, pour dissoudre les culpabilités occultées, pour ma famille, mes enfants, et pour moi aussi.

Je suis retournée dans le passé pour y mettre de la lumière. Parce qu'on m'a demandé de transmettre à d'autres mon expérience de la mort de mon enfant, de cette communication qui a continué entre nous et qui m'a convaincue que la vie se poursuivait dans des plans invisibles d'où il me parlait.

J'ai tenté de faire le tour de ce qui s'était présenté à moi depuis ce qui fut l'élément fondateur d'un autre regard sur la vie, les prémices, les intuitions, les rêves, les mots, les interactions entre les êtres, les traditions et leurs révélations, les livres…

Pourtant je gardais un sentiment d'inachevé.

La sincérité ne suffisait pas, il manquait quelque chose de fondamental que je ne parvenais pas à définir au niveau de la transmission.

Que fallait-il transmettre ?

Que la mort d'un enfant n'est pas un sujet tabou.

Que moins on cache de choses par rapport à la mort, plus elle sera vécue d'une manière naturelle et non traumatisante.

Que la guérison émotionnelle arrive quand on est sorti du déni, de la souffrance, du questionnement.

Que la guérison spirituelle nous comble de sa lumière avec l'acceptation, le changement de perception de la vie et de la mort.

Lorsque, au lieu de se focaliser sur les manques, la séparation, l'absence, la peur, on se focalise sur la survie de l'âme après la mort, la communication avec elle et sur notre propre lumière intérieure, la perspective devient tout autre…

Notre essence divine sait que la mort, loin d'être une fin, est une renaissance sur les plans invisibles, un retour à la maison.

Et puis un soir j'ai réalisé que ce qui me paraissait simple et évident ne l'était pas pour d'autres. Que beaucoup n'imaginent pas un ordre des choses si différent de celui qu'on nous a appris, qui concerne la continuité de l'âme. Malgré tous les protocoles, les enquêtes, les expérimentations, les rencontres de spécialistes, scientifiques, médecins, religieux, malgré tout ce qui a été découvert et dévoilé sur la survie de l'âme après la mort, sur la communication avec les morts, sur les autres plans célestes, malgré tous les livres qui ont été écrits, les médias épris de rationalité continuent à garder un silence abyssal sur tous ces sujets. Et le message est resté dans l'ombre.

Pour s'ouvrir à ce message, il nous faut abandonner la plupart de nos croyances, de nos idées et regarder notre place, notre vie et notre mort autrement.

Et si c'était un conte : Il était une fois…

… Une dimension à la fois proche et lointaine, dans laquelle chaque être est une âme, un Esprit parcelle de divinité.

Cette âme évolue entre les mondes, son désir est de monter de plus en plus haut dans les plans de lumière, et pour cela elle doit connaître des situations qui lui permettent d'évoluer et de grandir.

Plus elle s'affine et se purifie, plus elle monte.

Le lieu d'expérimentation idéal est la planète Terre. Parce que sur la Terre règne la dualité, on peut y affronter toutes les gammes de sensations et d'illusions, les sentiments les plus extrêmes. Parce qu'ici-bas coexistent la haine et l'amour, la violence et la compassion, les ténèbres et la lumière, les Anges et les démons, le mensonge et la vérité.

Dans cette jungle de la dualité, où se côtoient les pires souffrances et les plus merveilleuses extases, chacun doit se frayer un chemin vers la vérité, sa vérité. Les épreuves de la vie sont un extraordinaire révélateur – elles nous remettent en cause au plus profond de nous-mêmes – et, comme cela s'est passé lorsque Adrien nous a quittés, pour peu que nous acceptions leur pouvoir transformateur, il peut en jaillir la plus belle lumière.

Ainsi les âmes qui désirent progresser, et aussi celles qui désirent aider les autres à avancer, vont-elles redescendre dans les basses densités de la Terre, la troisième dimension, où sont réunies toutes les conditions pour l'évolution de l'âme. Elles font un contrat avec elles-mêmes et avec ceux qui croiseront leur chemin. Certaines acceptent de jouer le rôle du méchant ou du révélateur, celui qui permettra à l'autre de se réveiller et d'avancer.

Dès que j'ai compris le fonctionnement et l'importance des contrats entre les âmes, tous ceux qui avaient pu me blesser dans ma vie ont été pardonnés dans la seconde même. Puisque telle était notre détermination initiale.

L'âme qui s'incarne dans la troisième dimension terrestre se retrouve dans un corps, avec un destin dont elle a choisi les grandes lignes, en fonction de ses besoins et de ses désirs. La trame de sa vie, sa famille, ses rencontres, ses défis et ses épreuves.

Il faut bien comprendre que, là-haut, les désirs et les valeurs obéissent à un ordre différent, c'est pourquoi chacun peut se choisir librement un destin difficile, douloureux, le désir n'étant pas tant de jouir de la vie que d'évoluer. Nous revenons sur Terre, lieu exceptionnel d'expérimentation, pour grandir, pour nous élever, pour passer ensuite vers d'autres plans de lumière.

Mais, en nous incarnant, nous oublions tout de notre détermination initiale, car sur nous, comme sur toute âme incarnée, est tombé le « voile de l'oubli ». C'est alors que la situation se complique, que l'intuition prend toute son importance : pour remplir ce contrat, chacun vient au monde la mémoire vierge, libre de choisir les couleurs, les nuances et les détails de ce qui va être une expérience extraordinaire, une création. L'incarnation dans la troisième dimension, une occasion unique de progresser.

Selon notre désir, nous allons rester plus ou moins longtemps dans notre dimension terrestre. Les bébés, les petits enfants ou les jeunes qui ont, comme Adrien, programmé de repartir tôt, sont les âmes passagères. À l'opposé, d'autres ont décidé de rester jusqu'à ce que leur corps les abandonne… Entre les deux, il y a mille programmations, mille scénarios possibles.

Chacun remplit son contrat de son mieux, avec les limitations terrestres et sa mémoire effacée. Au moment de la mort, le défunt va repartir là-haut, vers ce lieu qu'il a quitté pour s'incarner. Il repart à la maison en quelque sorte. Il renaît là-haut, si son niveau de conscience est suffisamment élevé et ouvert.

Mais il est fréquent, pendant ce passage terrestre dans l'incarnation, que l'on oublie la nature spirituelle de l'être, et que, plongé dans les tourments humains, les peurs, l'envie, les biens matériels, les passions, l'on croit que la vie s'arrête à la mort, avec la peur de perdre tout ce qui compte en mourant. La mort devient alors une sorte de malédiction inconcevable, et le défunt, au lieu de monter, s'accroche désespérément à cette dimension et reste englué dans un espace entre les dimensions. Il refuse de monter, sous tous les prétextes. Il lui faut terminer un travail important, il ne peut pas abandonner sa famille, il doit se venger de celui qui l'a tué, etc. Puisque la mort ne doit pas exister, dans un état parallèle proche du rêve, il poursuit l'illusion de sa vie d'avant et devient une âme errante, un fantôme. Il s'installe dans le fauteuil où il a fini ses jours, il hante les lieux et les gens qu'il a aimés, sans réaliser qu'il est égaré entre les mondes.

Les sentiments négatifs comme la haine, la rancune, la souffrance, le refus de quitter un être aimé, une mort brutale ou violente, peuvent aussi retenir le défunt dans l'entre-deux-mondes. Ainsi peuvent-ils errer pendant des siècles, ayant perdu la sensation du temps, dans une ombre de plus en plus dense, où s'exaspèrent les sentiments amers de solitude et de frustration.

J'en ai rencontré beaucoup, de ces âmes égarées, cherchant désespérément une issue à leur labyrinthe. Pouvoir les aider à passer vers la lumière est une grande grâce.

Piégés dans l'astral, ils ignorent qu'ils sont morts, et tentent en vain de communiquer avec nous. Ils nous voient mais nous ne les voyons pas.

C'est ce qui m'est arrivé avec celle que j'ai nommée « La petite fille sur la route de l'église ». Une amie clairvoyante me disait depuis deux ans que chaque fois que je reviens chez nous par la route de l'église dans notre village en Haute-Normandie, une petite fille s'attache à mes pas, elle me parle mais je ne l'entends pas. Elle me demande de l'aider et j'en suis incapable.

Le jour de ma rencontre avec Carnita, quand elle m'a appris que je pouvais libérer les âmes, la petite fille a surgi dans mon esprit. Alors, guidée par Carnita, je l'ai retrouvée, et dans un élan d'amour infini, emmenée vers la lumière. Un moment inoubliable et émouvant..

Car ils nous parlent et nous ne les entendons pas. Seuls les médiums le peuvent, c'est pourquoi ils sont tellement sollicités par les morts égarés qui veulent communiquer ou demandent de l'aide. Et par les vivants qui souffrent de la séparation et rêveraient d'un dernier contact, d'un dernier adieu.

Depuis ma rencontre avec Carnita, j'ai pénétré les plans subtils. J'ai découvert les liens invisibles qui lient les vivants à des défunts, le plus souvent de leur lignée familiale. Et j'ai constaté une chose essentielle : pour que les vivants aient une vie harmonieuse, il leur faut prendre conscience de ce cheminement parallèle des défunts dans l'au-delà, et se libérer des chaînes lésionnelles qui traversent les générations.

Nous portons des fardeaux qui ne nous appartiennent pas. Certains drames familiaux qui ont été enterrés dans le silence, la honte ou la peur créent pour des générations des troubles que seule la libération des âmes des morts peut soigner.

Ces défunts qui nous ont aimés, et ceux du passé lointain qui se sont égarés dans le temps, sont ceux qui peuvent nous donner les plus grandes joies et les douleurs les plus vives.

Ils peuvent nous parler de là-haut et nous dire leur bonheur de vivre ailleurs dans la lumière. Comme Adrien le fait.

Ils peuvent aussi, s'ils sont accrochés à notre dimension terrestre, nous crier à l'aide, nous supplier de les entendre et, dans la violence de ne pas être compris, nous transmettre leurs frustrations et leur mal-être.

Dans des cas extrêmes, ils se réfugient dans le corps de celui ou de celle qu'ils ont le plus aimé et, sans s'en rendre compte, volent son énergie vitale, créant des maladies que nul ne comprend.

Si personne ne les a entendus, ils vont continuer, de génération en génération, à empoisonner les uns ou les autres de leur tristesse ou de leur haine.

Morts et vivants, nous sommes liés au plus profond de nos êtres. Les méandres de notre route sur Terre croisent et entrecroisent les ombres des mondes invisibles. Sans le savoir, nous nous influençons secrètement, nous nous passons nos tristesses et nos joies.

La guérison arrive pour le défunt lorsque quelqu'un entend son appel, l'aide à comprendre ce qui lui arrive pour que sa nuit s'éclaire enfin. Lorsqu'il accepte de quitter l'ombre et de passer dans les plans de lumière, il est libéré de toutes ses souffrances et de son errance.

Alors les vivants, délivrés de ces défunts qui les hantaient ou les habitaient parfois depuis longtemps, retrouvent eux aussi la paix.

Pour vivre enfin librement leur vie,
Et marcher vers la Lumière.

Épilogue

Adrien n'a eu besoin de personne pour l'aider à passer au-delà, il est retourné de lui-même vers la Source dont il était issu, à l'heure qu'il s'était fixée. Je l'ai vu s'envoler dans une trajectoire infinie, sous la forme d'une flèche de lumière, et si douloureuses qu'aient été la séparation et l'absence, dans la plus haute partie de ma conscience, j'ai toujours eu la certitude qu'il avait rejoint des sphères lumineuses.

Je sais maintenant que c'est juste.

Bérengère de Bodinat – Février 2015

Remerciements

Merci à tous ceux qui m'ont accompagnée dans l'écriture de ce récit.

Ma mère, mes frères et sœurs, le père d'Adrien, la mémoire de mon père, mes amis, qui ont libéré leurs souvenirs et leur parole, ouvert leur cœur et leur mémoire sur ce jour où il a disparu.

Merci Jeanne, de m'avoir guidée vers mes ombres pour les regarder autrement et les dissoudre. Et pour m'avoir demandé d'écrire cette histoire si belle d'un enfant qui parle à sa mère de l'au-delà, d'un monde lumineux et lui chuchote « la mort n'existe pas… je suis là ».

Merci Belen, d'avoir partagé tous les doutes, les douleurs et les fulgurances de cet été 2012.

Merci à tous les miens, à mes amis, à qui j'ai confié la lecture de mon manuscrit, et dont les mots ont illuminé et dissous les doutes que je pouvais encore avoir :

Ma Prunelle, qui a remonté le cours douloureux du temps en parcourant ce livre qui est aussi le livre de sa vie, et qui m'a confirmé qu'il était juste.

Alexandre, mon fils chéri, qui m'a remercié d'avoir conjuré le non-dit familial, et ouvert une nouvelle vision sur ce frère qui le hantait par son omniprésence silencieuse.

Bruno mon mari pour son amour dès le premier instant pour Adrien, sans l'avoir connu. Pour sa compréhension du message universel de ce récit, et sa phrase incroyable : « C'est une bible pour le monde entier. »

Ludivine, Bruno, Joséphine, Sophie, Dominique, Olivier, Muriel, qui avez tous eu exactement le même mot, avec des larmes dans les yeux : « C'est magnifique. »

Dominique qui m'a aidée avec délicatesse à mettre de l'ordre dans ces chapitres écrits au cours de l'été, alors que j'avais l'impression de me perdre dans un foisonnement émotionnel .

Olivier, qui a lu le manuscrit avec émotion et l'a confié à Françoise Samson. Françoise qui à son tour l'a transmis à une vitesse étourdissante…

Et mille grâces à Flammarion, à Éric Maitrot, pour la rapidité de son adhésion, sa réceptivité et le respect qu'il a montré pour mon livre dont il a su préserver la grâce fragile. Et à toute l'équipe de Flammarion qui a validé son intuition.

Enfin et surtout, comment ne pas dire à Adrien combien sa présence subtile, puissante et permanente, a été essentielle, et le remercier d'avoir mis sur mon chemin, à chaque étape de l'écriture, ceux et celles qui ont permis à ce livre de suivre son chemin harmonieusement…

TABLE

I. Le retour aux sources 11

À l'origine.. 13
La séparation 19
Les îles tristes..................................... 23
Le message des songes 26
Les prémonitions..................................... 29
L'annonce 32
La disparition 35
L'enterrement.. 38
La tombe familiale................................... 42
Apparition dans la nuit 44

II. La quête de sens 47

Les obsessions....................................... 49
L'énigme d'après la mort 52
Un message de l'au-delà 54
Le dévoilement....................................... 58

Les enfants savent 61
L'eau noire 64
La petite maison 68
L'abandon 72
À ce moment-là 74
Un voyage au loin 77
Sa vie, sa mort 79

III. UN REGARD D'ENFANT 81

Prunelle 83
Conte pour prunelle 86
De l'autre côté 90
Alexandre 94

IV. DIALOGUES AVEC L'AU-DELÀ 97

La grâce 101
La chouette blanche 103
Quelqu'un veille sur moi 106
Une communication 108
Les moines tibétains 110

V. UN SI LONG CHEMIN 115

Retourner dans le passé 117
Mettre des mots sur la mort 119
Au-delà des religions 122

Rêves éveillés 126
L'astrologue 132

VI. Les souvenirs dévoilés 135

Le silence et les ombres 137
La lettre 140
La parole libérée 143
L'enfer de ma mère 146
Mes frères et sœurs 150
Un singulier détachement 155
La distance de mon père 165
Veronica 171

VII. La mémoire des choses 175

La maison assombrie 177
Les duvalettes 180
Les vipères 182
Les photos du bonheur 185

VIII. Les âmes passagères 189

Un autre regard 191
L'enfant qui n'est pas né 193
La pierre blanche 196
Rituel d'amour 199

IX. D'UNE DIMENSION À UNE AUTRE.......... 201

Jeanne.......... 203
Notre dessein initial.......... 208
Parle-moi.......... 213
La métamorphose de l'âme.......... 215
À présent la lumière.......... 220

X. LA BOÎTE ROUGE.......... 223

Épilogue. Ce que j'aimerais partager avec vous… .. 239

Remerciements.......... 251

Mise en page par Meta-systems - 59100 Roubaix

Imprimé en France par CPI Firmin-Didot
N° d'édition : L.01ELKN000550.A002 – N° d'impression : 128266
Dépôt légal : mars 2015